# Arôme
# Énergie

## Guide pratique d'utilisation
## des huiles essentielles de plantes

*Énergie du Nouvel-Age*     *Jacques Staehle*

**Du même auteur :**

Méthode Audiovisuelle et Progressive de Digito-Puncture
(1 livre + 4 cassettes audio)
Cours de Digito-Puncture, Phyto-Aromathérapie, Oligothérapie par Correspondance
(1 relieur + 4 cassettes audio)
Cours d'Introduction à la Digito-Puncture
Cours de Digito-Puncture Chinoise, tome I - Initiation
Cours de Digito-Puncture Chinoise, tome II - Bilan Énergétique
Cours de Digito-Puncture Chinoise, tome III - Rééquilibrage Énergétique
Cours de Digito-Puncture Chinoise, tome IV - Obésité, Cell., Psychisme...
Cours de Digito-Puncture Chinoise, tome V - Chakras et Énergie
Cours de Digito-Puncture Chinoise, tome VI - Hormones et Énergie
Cours de Digito-Puncture Chinoise, tome VII - Drainage Énergétique
Digito-Puncture et Sport
Effacer le Ventre (épuisé, à réapparaître)
Effacez vos Douleurs, Tome I
Effacez vos Douleurs, Tome II
Guide de l'Épanouissement Sexuel
Guide Pratique d'Esthétique Naturelle
La Santé par les Médecines Douces
Les Oligo-Éléments, Source de Vie
Sans Tabac, Sans Regrets
Soignez vos Cheveux par les Médecines Naturelles

**Droits d'auteur :**

© Copyright 1992

*Énergie du Nouvel-Age inc.*

**ISBN :**     2-921392-06-2
            (publié précédemment par les Éditions N.B.S., ISBN 2-9800956-0-5)
            Dépôt légal - 2e trimestre 1992
            Bibliothèque nationale du Québec
            Bibliothèque nationale du Canada

**Éditeur :**   Énergie du Nouvel-Age inc.
            780, chemin Olympia, Piedmont (Qc) Canada J0R 1K0
            Tél.: (514) 227-1665 / Fax: (514) 227-1019

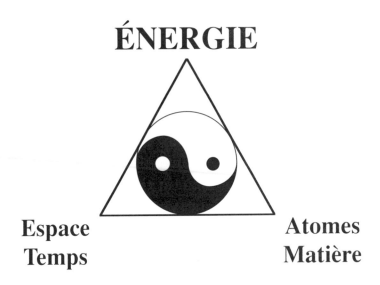

# ÉNERGIE

**Espace**
**Temps**

**Atomes**
**Matière**

*LA TRINITÉ*

Il y a seulement l'espace, les atomes qui forment la matière, et l'énergie organisatrice qui mène la danse; ainsi va la vie.

**Le moteur universel de la vie, c'est l'ÉNERGIE.**

Le but de cet ouvrage est de vous aider à vivre mieux. Les recettes que vous y trouverez vous permettront d'éviter ou de faire disparaître bien des petits troubles, mais comprenons-nous bien, il ne s'agit pas d'une panacée universelle, il n'est pas question de remplacer le médecin. Le rôle de cet homme de science qui a fait plusieurs années d'études est irremplaçable dans le cas d'une vraie maladie. Quant aux médicaments, leur utilité ne peut être mise en doute, pour des circonstances bien précises. Mais comme toutes les substances chimiques, il ne faut pas en abuser. Alors voici un excellent moyen d'essayer d'échapper à la maladie et de maintenir sa pleine forme grâce à l'association de la digito-puncture et de l'aromathérapie.

*N*e vous êtes-vous jamais demandé pourquoi les plantes avaient des couleurs et des saveurs aussi subtiles et différentes? À l'instar de l'homme, dont l'habitat se trouve entre ciel et terre, les plantes puisent dans le sol les éléments nutritifs nécessaires à leur survie. La vie des plantes est fortement conditionnée par le lieu où elles poussent et, plus particulièrement, par leur lieu d'exposition aux rayons solaires. C'est grâce à leur système sélectif de captation de l'énergie cosmique que les plantes ont des formes, des couleurs et des saveurs aussi distinctes et, de là, des propriétés thérapeutiques spécifiques dont nous pouvons bénéficier. Ainsi, les arômes des huiles essentielles de plantes, si différents les uns des autres, correspondent à un emmagasinage d'énergies spécifiques.

L'aromathérapie est une très vieille science qui consiste à utiliser, à des fins thérapeutiques, les propriétés spécifiques des différents arômes provenant de plantes distillées.

L'on comprendra, dès lors, l'importance du lieu où la plante a poussé, le mode de culture de cette plante, la manière dont celle-ci a été distillée et la garantie de sa pureté.

Ce guide pratique sur les huiles essentielles de plantes propose une utilisation judicieuse des merveilleuses possibilités que nous offre ce potentiel thérapeutique de la nature.

Nous commencerons donc par prendre connaissance des huiles essentielles les plus courantes, leur provenance, leurs propriétés thérapeutiques, leur mode d'utilisation et les précautions inhérentes à chacune car, comme on le sait, l'abus de toute bonne chose peut s'avérer nocif. Il en est ainsi des huiles essentielles qui, à faibles doses, peuvent être utiles, mais, à doses exagérées, risquent d'incommoder. Il faut donc savoir en user, mais non en abuser.

L'aspect le plus intéressant de cet ouvrage réside dans sa seconde partie où l'auteur propose un mode de traitement original pour soigner rapidement la plupart des petits maux qui perturbent la vie de tous les jours. Ce mode consiste à associer l'aromathérapie à la stimulation des points énergétiques.

# Introduction

*D*e tous temps, l'homme semble avoir été fasciné par les merveilleuses propriétés que lui offrent les plantes. Le papyrus égyptien Obers, vieux de plus de 4500 ans, traite de la distillation des plantes et de leurs propriétés bienfaisantes pour la peau, le cœur, la circulation, les maladies chez la femme. De nombreuses inscriptions sur des tombes ou des édifices sacrés nous révèlent la composition de différentes formules aromatiques utilisées par les pharaons. C'est ainsi que l'une des salles du temple d'Edfou, sur la rive gauche du Nil, avait été baptisée "Laboratoire".

Les Égyptiens utilisaient très couramment les huiles essentielles de plantes, non seulement pour la beauté, la santé et le plaisir, mais aussi pour les rites religieux et, surtout, pour l'embaumement et la momification des corps.

On peut supposer que les propriétés antiseptiques et bactéricides des arômes ont joué un rôle important dans la conservation des momies.

Les Hébreux mirent en pratique l'enseignement apporté par les Égyptiens. On peut lire dans l'Exode XXX 22 et XXX 34 "Yahvé parla à Moïse: *Procure-toi les arômes de choix: myrrhe, cannelle, calamus, huile d'olive et tu en composeras un mélange odorant.*"

Des récits bibliques relatent l'usage des arômes. Il est dit que la reine de Saba fit présent au roi Salomon de grandes quantités de produits aromatiques.

Nous trouvons également de nombreux écrits en Inde, notamment *Le livre de vie* de Susrutas (1000 ans avant J.-C.) qui cite des formules de plantes médicinales pour entretenir la santé et prévenir la maladie.

Les sages hindous, à travers les livres sacrés Veda, faisaient largement appel aux essences aromatiques dans la pratique de leur liturgie.

En Chine, de très vieux documents, comme le *Shang Han Lun*, le *Nan-Jing* ou le fameux *Nei-Jing* (livre classique traitant de l'interne), relatent l'utilisation médicinale des plantes, des épices et des arômes de plantes.

Plus près de nous, les Grecs et les Romains nous ont prouvé leur grand intérêt pour les arômes. Hippocrate mentionne plus de 200 plantes thérapeutiques. Paracelse, Hermès, Pline le Jeune, Caton, dit l'Ancien et Virgile en parlent dans de nombreux écrits.

Avec l'avènement de la chimiothérapie, nous avions oublié pour un temps l'action bienfaisante des plantes. Mais voilà!, non seulement la médecine moderne, souvent efficace, ne résout-elle pas tous les problèmes, mais elle peut en créer quelquefois de nouveaux. Alors, un regain d'intérêt s'est manifesté tout d'abord en Europe, puis gagne à présent l'Amérique du Nord.

En France, une personne sur deux a recours aux médecines douces. De très nombreux médecins pratiquent l'aromathérapie.

Le docteur en médecine Jean Valnet a grandement participé au renouveau de la médecine naturelle, on le surnomme: "Docteur Nature". Son principal ouvrage, *Aromathérapie: Traitement des maladies par les essences de plantes* a été diffusé dans le monde entier. En France, de nombreux médecins s'y réfèrent. Ce livre est également très populaire auprès du grand public, si bien qu'on le retrouve dans la plupart des bibliothèques municipales. Le docteur Valnet fut également chirurgien militaire et il prouva la valeur antiseptique des essences de plantes en pansant les plaies des soldats blessés pendant la guerre d'Indochine. Les résultats étaient souvent supérieurs à la moyenne.

Le docteur Valnet est officier de la Légion d'honneur, officier des Palmes Académiques, titulaire de nombreuses distinctions civiles et militaires, membre de plusieurs sociétés savantes. Il est également l'auteur de plusieurs ouvrages, notamment *Une Médecine Nouvelle. Phytothérapie et Aromathérapie. Comment guérir les maladies infectieuses*, ouvrage qu'il a écrit en collaboration avec deux autres médecins, les docteurs Duraffourd et Lapraz, ainsi qu'avec des biologistes et pharmaciens qui ont fait la preuve par aromatogrammes des actions antiseptiques et bactéricides évidentes et sélectives de certaines huiles essentielles de plantes.

# Preuve des propriétés antiseptiques et bactéricides des huiles essentielles

## L'aromatogramme

L'aromatogramme est une technique qui consiste à tester diverses huiles essentielles sur des germes microbiens isolés. Pour ce faire, on prélève quelques germes de pus, d'urine ou de crachats, que l'on isole et met en culture. On présente alors successivement différentes huiles essentielles sur la nourriture du germe mis en culture. Puis, on observe l'action spécifique de chaque huile essentielle mise en contact avec le germe pour constater le résultat spécifique obtenu. Ce qui nous amène à définir les huiles essentielles spécifiques par rapport aux différents germes.

On remarque ainsi que de nombreuses huiles essentielles sont avant tout dotées d'un haut pouvoir antiseptique. Parmi celles-ci, nous pouvons citer: le thym, la cannelle, l'origan, la sarriette. De nombreuses autres huiles sont également antiseptiques, mais elles ont une certaine spécificité. C'est ainsi que le santal et le genièvre ont une action sur les infections génito-urinaires; l'eucalyptus, sur la sphère O.R.L.; le girofle agit sur la bouche, les dents et les intestins; la lavande, sur la peau; le pin, le niaouli et le cajeput, sur les bronches.

Les huiles essentielles ont cependant bien d'autres propriétés. Les unes sont calmantes, telles la lavande et la verveine; d'autres stimulantes, tels le romarin et la sarriette, et d'autres digestives, tels l'anis et la coriandre. Pour connaître la spécificité de chaque huile essentielle, veuillez vous reporter au chapitre *Huiles essentielles* de cet ouvrage.

# Modes de fabrication
# des huiles essentielles

## La distillation

Les huiles essentielles sont obtenues par distillation et entraînement à la vapeur d'eau à l'aide d'un alambic composé de quatre parties: la chaudière, le chapiteau, le col de cygne et le système réfrigérant.

La partie utilisée de la plante sera mélangée à de l'eau, puis portée à ébullition. Le liquide passera alors en phase gazeuse sous l'action de la chaleur. La tension des vapeurs de celui-ci, jointe à celle des essences, entraînera les molécules aromatiques de la matière végétale. À l'extrémité du col de cygne se trouve le système de réfrigération qui consiste en un serpentin de cuivre de diamètre décroissant plongé dans une cuve d'eau. À la sortie du serpentin se trouve le vase florentin (le séparateur) qui opérera la séparation, d'une part, des vapeurs d'eau et, d'autre part, des vapeurs d'essence; cette séparation s'effectuera grâce à la différence de densité de l'eau et des essences.

Il y a en fait deux méthodes de distillation bien distinctes: celle réalisée par des générateurs de vapeurs à basse pression pour les appareils artisanaux, et celle utilisée par des générateurs de vapeurs à haute pression pour les appareils industriels. Cette dernière permet d'obtenir une quantité plus importante d'essence, et ceci, plus rapidement, au détriment de la qualité de l'essence obtenue, car il y a risque de suroxyder les molécules.

## La durée de distillation

Par la méthode artisanale, la durée de distillation est plus longue, ce qui semblerait être un avantage, car une distillation prolongée permet de recueillir l'ensemble des principes actifs de la plante. C'est ainsi que l'huile essentielle de lavande, laissant passer les trois quarts de ses composants durant les 25 premières minutes, ne laissera passer les parties les plus intéressantes de ses propriétés, telle la coumarine, que dans l'heure suivante. Un autre exemple, l'huile essentielle de thym coule assez vite pendant les 30 premières minutes, mais il faut une heure supplémentaire pour extraire les 95% de ses phénols qui sont ses composants les plus actifs.

Les huiles essentielles obtenues trop rapidement ne pourront donc prétendre aux mêmes effets thérapeutiques que les huiles essentielles distillées selon le mode artisanal.

## L'eau

Si l'eau utilisée est une eau calcaire, il y aura nécessité de nettoyer la chaudière annuellement avec des détartrants chimiques qui peuvent se retrouver dans l'eau d'entraînement, ce qui n'est pas souhaitable. Si l'on souhaite réaliser une huile essentielle de haute qualité thérapeutique, il convient donc d'utiliser des eaux de source qui sont peu ou non calcaires.

## Les plantes

La qualité des essences dépend également en grande partie des plantes utilisées. Celles dont la cueillette a été effectuée dans des lieux sauvages seront préférées aux plantes cultivées d'une façon intensive dans des champs dont la terre a reçu des engrais chimiques et les plantes, des pesticides.

À la lecture de ce qui précède, on comprend que la qualité d'une huile essentielle résulte de plusieurs critères:

1) la provenance des plantes

2) le mode de distillation

3) la pureté de l'huile

Le prix plus élevé d'une huile de qualité supérieure est donc pleinement justifié.

# Propriétés générales
## des huiles essentielles

La plupart des huiles essentielles sont antiseptiques, antimicrobiennes et anti-infectueuses (avec cependant un tropisme particulier).
Certaines revitalisent et stimulent l'énergie vitale.
Certaines régularisent le système nerveux et les glandes hormonales.
Elles peuvent être également désintoxicantes, défloculantes et permettre l'élimination des toxines.

### Rapidité d'action

L'utilisation d'une huile essentielle de première qualité permet d'obtenir des résultats qui peuvent être très rapides. C'est ainsi qu'un mal de gorge provoqué par un coup de froid peut être stoppé très rapidement (quelquefois en moins d'une heure) en frictionnant la gorge et en mettant sur la langue une goutte d'huile essentielle de menthe, de pin, d'eucalyptus, de thym, de sarriette ou d'un complexe d'huiles essentielles spécifique aux affections respiratoires.

C'est ainsi qu'une personne atteinte d'une cystite sera étonnée de voir disparaître celle-ci au cours de la journée après avoir absorbé le matin trois à quatre gouttes d'huile essentielle de santal de Mysore ou de genièvre et s'être frictionné le bas-ventre avec trois à quatre gouttes de la même huile essentielle. Cette personne sera d'autant plus étonnée de la rapidité du résultat, si elle a essayé au préalable un certain nombre de thérapies sans succès.

## Sélectivité

Parmi les particularités les plus remarquables des huiles essentielles, notons leur sélectivité. Elles ont un tropisme pour un organe ou une fonction définie. Par exemple: la menthe, pour les voies respiratoires; le santal, pour les infections urinaires; le girofle, pour les maux de dents; le carvi, pour les intestins (aérophagie).

Certaines huiles essentielles peuvent avoir plusieurs tropismes. C'est ainsi que le thym et la sarriette peuvent avoir un effet et sur les voies respiratoires et sur les infections intestinales et génito-urinaires. Ce sont également deux essences tonifiantes de l'état général.

## Synergie d'action

La synergie résulte de l'action coordonnée de plusieurs propriétés pouvant renforcer l'effet de chaque huile essentielle. Le mélange de plusieurs huiles essentielles ayant une propriété semblable peut donner un produit dont l'effet sera plus puissant. Par exemple, en utilisant un complexe respiratoire d'huiles essentielles (pin, eucalyptus, thym), on peut espérer obtenir de meilleurs résultats. Les qualités d'un complexe d'huiles essentielles dépendra du choix judicieux de ses composants. Il faut tenir compte également de l'incompatibilité qu'ont certaines huiles essentielles.

# Modes d'utilisation
## des huiles essentielles

Les huiles essentielles peuvent être utilisées par friction, par inhalation, par vaporisation ou au bain. Dans certains cas, il est possible d'en faire un usage interne, mais il ne faut pas dépasser trois gouttes par jour, sauf avis contraire de votre praticien.

### Usage interne

Posez l'index sur le compte-gouttes du flacon, puis sur la langue; vous vous rendrez compte que cela suffit.

Répétez l'opération deux à trois heures plus tard.

Vous pouvez aussi mettre une goutte dans un peu d'eau chaude ou de jus de fruit ou, mieux encore, dans une cuillerée de miel que vous diluerez ensuite dans de l'eau tiède.

### Usage externe

**La friction** de la zone corporelle affectée peut se faire directement sur la peau avec très peu d'huile essentielle ou avec de l'huile d'amande douce additionnée de quelques gouttes d'huile essentielle. Renouvelez l'opération plusieurs fois dans la journée, si nécessaire.

**L'inhalation** consiste à respirer les effluves aromatiques bienfaisantes, en plaçant quelques gouttes sur un mouchoir, sur son oreiller ou, mieux encore, en laissant leurs vapeurs se répandre à l'aide d'un diffuseur d'huiles essentielles qui assainira votre environnement par l'action revitalisante, désodorisante et purifiante des huiles essentielles. Ainsi, vous respirerez un air agréable et sain. Le grand avantage du diffuseur est qu'il ne chauffe pas les huiles et qu'il permet d'en conserver toutes les propriétés.

On peut également utiliser les huiles essentielles **en bain**. Les huiles essentielles n'étant pas miscibles dans l'eau, il faudra préalablement les mélanger à un solvant comme de la poudre de lait, de la poudre d'argile, de la poudre d'algues, du shampoing ou du savon liquide ou, mieux encore, un jaune d'œuf.

Pour un **bain relaxant**, mélangez dans un bol cinq à six gouttes d'huile essentielle de lavande ou de camomille dans l'un des solvants cités plus haut, puis versez le contenu du bol sous le robinet d'eau de la baignoire. Pour un **bain tonifiant**, remplacez la lavande ou la camomille par le romarin. Pour un **bain aphrodisiaque**, utilisez le géranium ou le santal.

Les huiles essentielles peuvent également servir à confectionner un **masque de beauté** adapté au type de peau.

N.D.É. :   Le *Guide Pratique d'Esthétique Naturelle* du présent auteur vous guidera dans le choix de la recette qui convient à votre cas particulier.

# Précautions lors de l'utilisation des huiles essentielles

Les huiles essentielles sont le résultat de la distillation d'une quantité importante de plantes. À titre d'exemple, pour obtenir un litre d'huile essentielle de thym, il faut distiller plus de 1000 kilos de cette plante; voilà donc une preuve incontestable de la puissance de concentration des huiles essentielles. Il convient donc d'en user avec parcimonie. C'est pourquoi les doses utilisées doivent être minimes. Par voie interne, 2 à 3 gouttes par jour sont suffisantes.

Il convient de toute façon d'être très prudent dans l'emploi des huiles essentielles et bien entendu, il n'est pas question de laisser celles-ci à la portée des enfants. D'autre part, il faut éviter qu'elles entrent en contact avec les yeux. Il importe donc de se laver les mains vigoureusement avec du savon après chaque emploi.

# Associations favorables à l'aromathérapie

Comme nous l'avons déjà vu, l'aromathérapie est une médecine ancienne, qui nous vient de la nuit des temps. Elle s'inscrit dans un contexte de naturothérapie, c'est-à-dire qu'elle sera d'autant plus efficace qu'elle sera associée à l'hygiène alimentaire, l'exercice physique et toutes les méthodes d'hygiène de vie, parmi lesquelles on retrouve la digito-puncture ou l'électro-puncture.

## Aromathérapie et digito-puncture

La digito-puncture est sans nul doute le complément parfait à l'aromathérapie. Qu'est-ce que la digito-puncture? C'est une méthode d'hygiène de vie qui fait partie intégrante de la très vieille médecine traditionnelle chinoise. Elle consiste à stimuler des points de commande énergétique qui se trouvent sur le corps.

Pour comprendre la digito-puncture, il faut savoir que le corps, comme tout ce qui vit, fonctionne à l'énergie et produit de l'énergie. Cette énergie circule dans tout le corps et se concentre dans des lignes de force que l'on a appelées les méridiens. Les méridiens principaux sont au nombre de douze et portent le nom des organes auxquels ils se rapportent. Pour les désigner, on emploie les abréviations suivantes:
Foie = F, Poumons = P,   Coeur = C, Reins = Rn, Rate = Rt, Gros Intestin = GI,  Intestin Grêle = IG,  Estomac = E, Vessie = V, Vésicule Biliaire = VB, Triple Réchauffeur = TR et Maître du Cœur = MC.

C'est ainsi que lorsqu'il faudra stimuler le 3F, cela voudra dire le 3e point du méridien Foie; le 36E, le 36e point du méridien Estomac, et ainsi de suite.

## *Intérêt pratique de combiner les deux techniques*

Supposons que l'on ait à soigner un début de mal de gorge provoqué par un coup de froid. Il serait bon d'associer la digito-puncture avec l'utilisation de l'huile essentielle d'eucalyptus, de menthe ou de thym. Il faudra alors appliquer une goutte de l'huile choisie sur la langue puis s'en frictionner le cou. On stimulera ensuite les points suivants: 7P, 1P et 4GI, points qui vont agir sur l'énergie des poumons et qui vont renforcer l'action des huiles essentielles utilisées. De cette façon, les résultats seront plus rapides.

# Le Yin et le Yang

Tout n'existe que parce qu'il y a un contraire. Le chaud ne peut exister que par rapport au froid; le jour à la nuit; le haut au bas; l'avant à l'arrière; le bon au mauvais, etc.

La vie est un phénomène énergétique fait d'alternance et de relativité, telle l'onde électrique:

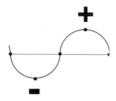

et tel le temps qui avance dans l'espace:

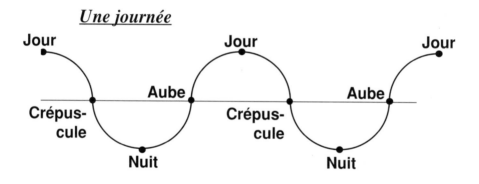

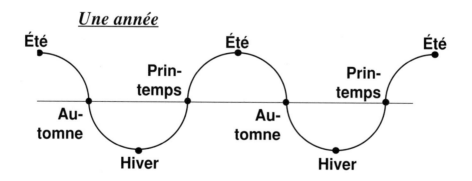

Le symbole vital du Yang, c'est le Soleil qui apporte chaleur et lumière.

Il y a des plantes à saveur chaude, c'est-à-dire Yang,
des plantes à saveur froide, c'est-à-dire Yin,
et des plantes à saveur bipolarisée, c'est-à-dire Yin-Yang.

L'identité énergétique Yin et Yang des plantes a été indiquée dans ce livre afin que vous puissiez mieux comprendre l'action thérapeutique de chaque huile essentielle.

# La tonification et la dispersion des points

Pour chacun des points mentionnés dans ce livre, une indication de tonification ou de dispersion est donnée. Ces points peuvent être stimulés avec le doigt (digito-puncture) ou avec le *Puncteur Électronique* (électro-puncture).

### Stimulation avec le doigt

Pour tonifier (+), appuyez sur le point et tournez dans le *sens des aiguilles d'une montre*, durant 2 minutes.

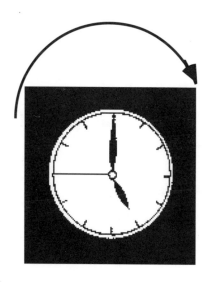

Pour disperser (-), faites le contraire, appuyez sur le point et tournez dans le *sens contraire des aiguilles d'une montre*, durant 2 minutes.

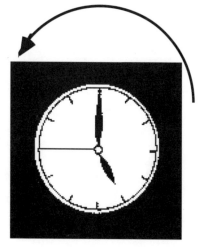

## Stimulation à l'aide du Puncteur Électronique

Pour tonifier (+), placez le levier sur +.

Pour disperser, placez le levier sur -.

Puis appuyez sur le bouton-poussoir durant 15 secondes.

Cela suffit.

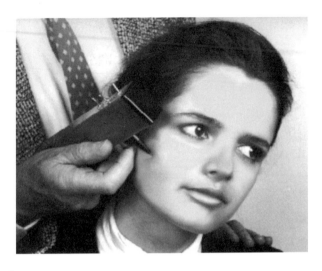

Le Puncteur Électronique offre 3 avantages:

1. Simplicité d'utilisation
   Nul besoin de stimuler avec le doigt, il suffit de placer le levier sur + pour tonifier ou sur - pour disperser.

2. Rapidité du traitement
   Il ne suffit que de 10 secondes pour stimuler (au lieu de 2 minutes).

3. Repérage du point
   De plus, le *Puncteur Électronique* précise l'emplacement exact du point recherché en émettant un signal sonore et un signal lumineux.

# La loi des 5 éléments

Toute la médecine chinoise traditionnelle repose sur une loi bio-cosmo-énergétique: la loi des 5 éléments.

Par la connaissance de cette loi, on peut arriver à comprendre bien des soi-disant mystères de l'existence. On peut également réaliser un bilan énergétique, mais dans le but de ne pas trop s'étendre sur un sujet qui fait l'objet d'un ouvrage à lui seul (*Voyage au Centre de la Vie* des présents auteur et éditeur), nous allons simplement ébaucher la loi pour mieux comprendre l'action énergétique de chaque huile essentielle.

Il y a 5 éléments: la Terre, le Métal, l'Eau, le Bois et le Feu.

À chaque méridien Yang correspond un méridien Yin, et à tous deux correspondent un élément, une saison, une saveur... tel que le montre le schéma de la page suivante.

Il y a des plantes dont la saveur correspond au doux, d'autres au piquant ou âcre, d'autres au salé, d'autres à l'acide et d'autres à l'amer.

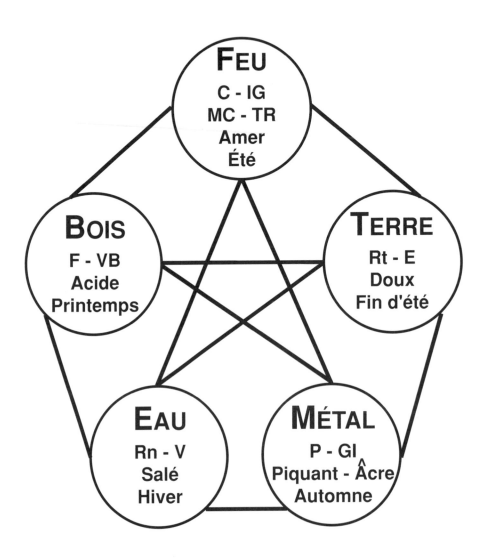

*Représentation sommaire de
la loi des 5 éléments*

# Le cycle nourricier

La Mère nourrit son Fils: le Bois nourrit le Feu; le Feu produit les cendres qui nourrissent la Terre; la Terre engendre le Métal; les Métalloïdes produisent l'Eau; l'Eau nourrit le Bois. Le Fils dépend donc de sa Mère nourricière.

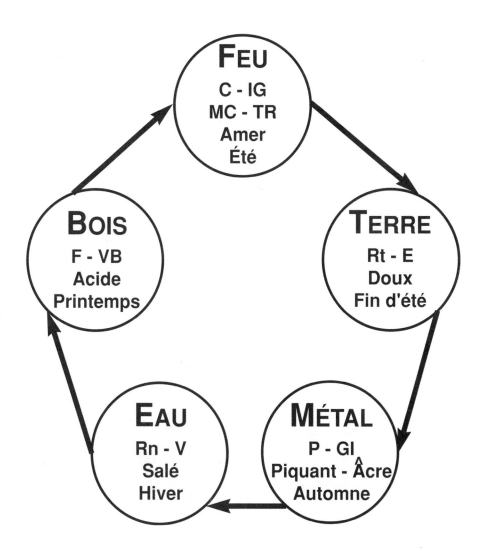

# *Le cycle Ko de tempérance*

Le cycle Ko de tempérance a le rôle de contrôler et de modérer l'ardeur du cycle nourricier. Mais ce cycle peut s'emballer et devenir destructeur: l'Eau éteint le Feu, le Feu fond le Métal, le Métal coupe le Bois, le Bois épuise la Terre, la Terre absorbe l'Eau. D'autre part, si ce cycle est trop faible, il favorise le mépris. Par exemple, si le méridien Rt est plus fort que le méridien F, c'est la Terre qui domine le Bois, il faudra donc régulariser le méridien Rt.

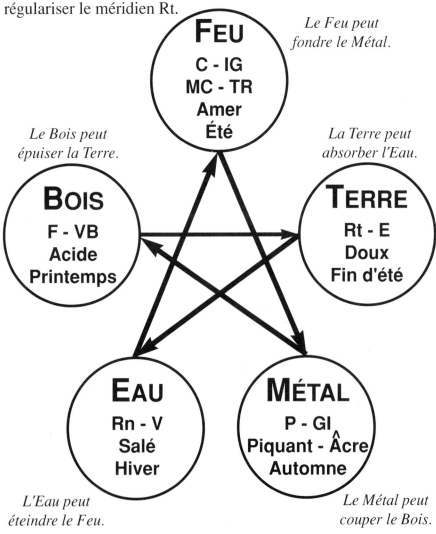

*Le Feu peut fondre le Métal.*

**FEU**
C - IG
MC - TR
Amer
Été

*Le Bois peut épuiser la Terre.*

**BOIS**
F - VB
Acide
Printemps

*La Terre peut absorber l'Eau.*

**TERRE**
Rt - E
Doux
Fin d'été

**EAU**
Rn - V
Salé
Hiver

**MÉTAL**
P - GI
Piquant - Âcre
Automne

*L'Eau peut éteindre le Feu.*

*Le Métal peut couper le Bois.*

# Huiles essentielles les plus courantes

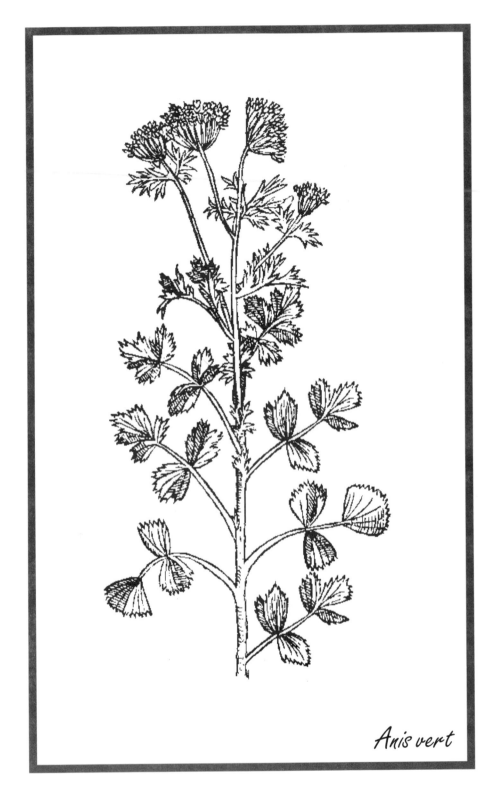

*Anis vert*

# Anis vert

*Pimpinella anisum*

Nous parlerons ici de l'anis vert dont les propriétés sont supérieures à l'anis étoilé. L'huile essentielle d'anis a une odeur caractéristique qui rappelle l'apéritif français bien connu, le pastis. L'anis vert est une plante annuelle originaire de l'Orient et se retrouve plus particulièrement dans le bassin méditerranéen: en France, en Espagne et en Égypte.

## Identité énergétique

**Élément:** Terre.

**Méridiens:** Rate, Estomac, Poumons, Gros Intestin.

**Saveur:** Doux.

**Polarité:** Yang.

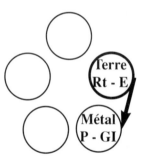

**Action:** Sa saveur douce et chaude réchauffe les méridiens Rate et Estomac et nourrit le Yang des méridiens Poumons et Gros Intestin, s'opposant ainsi aux flatulences d'origine Rate avec répercussions sur l'estomac et le gros intestin.

# Propriété principale

### Digestive

Cette huile essentielle agit sur les fonctions digestives. Elle est capable de dissiper les ballonnements occasionnés par la fermentation gastro-intestinale d'origine alimentaire ou nerveuse. Elle favorise la sécrétion des sucs digestifs de l'estomac ainsi que la sécrétion biliaire.

# Propriétés secondaires

### Antispasmodique

L'huile essentielle d'anis vert apaise le système nerveux et peut être utilisée pour calmer les coliques ou les douleurs d'estomac d'origine nerveuse. Elle peut également aider à stopper une toux spasmodique.

### Stimulante

Comme nous l'avons vu, l'essence d'anis vert stimule les fonctions digestives et peut avoir également une action bienfaisante au niveau cardio-respiratoire.

### Antiseptique

L'essence d'anis vert est capable d'éliminer le staphylocoque en 24 heures. C'est également un antiseptique intestinal utile contre les diarrhées.

# Mode d'emploi

### Usage externe

Par friction, sur la région affectée, le ventre ou la poitrine, au besoin.

### Usage interne

Une à deux gouttes diluées dans un verre d'eau ou une goutte mise directement sur la langue.

### Ballonnements

Déposez une goutte d'huile essentielle d'anis vert directement sur la langue. Renouvelez l'opération si besoin est, une heure après.

### Troubles de la digestion

Prenez une goutte d'huile essentielle d'anis vert dans un demi-verre d'eau, après le repas.

### Migraine digestive

Mettez une goutte d'huile essentielle d'anis vert sur la langue.

### Toux spasmodique

Buvez un demi-verre d'eau tiède dans lequel vous aurez versé une goutte d'huile essentielle d'anis vert, puis frictionnez votre poitrine avec deux à trois gouttes.

## Précautions

Aucun problème en friction, mais en usage interne, l'huile essentielle d'anis vert est très agréable à consommer; il ne faudrait toutefois pas en abuser, car, au-delà d'une certaine dose, elle est susceptible de provoquer l'ivresse et, à doses très exagérées, le coma et la paralysie. Rassurez-vous, vous ne courrez aucun danger de ce genre, bien au contraire, si votre consommation journalière est inférieure à dix gouttes.

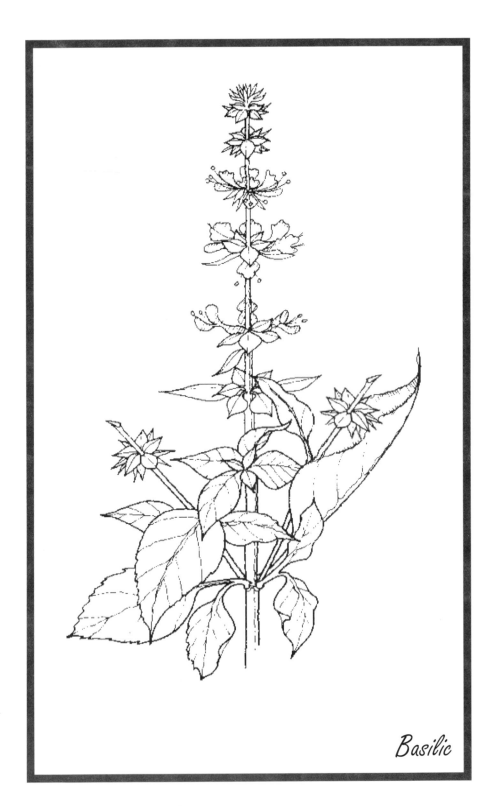

Basilic

# Basilic

*Ocymum basilicum*

Le basilic parfume les jardins du sud de la France où il est très apprécié dans la cuisine provençale, surtout pour la fameuse soupe au pistou ou les pâtes au basilic.

En plus d'un parfum agréable, cette plante a la propriété de favoriser la digestion.

## Identité énergétique

**Élément:**   Terre.

**Méridiens:**   Rate, Estomac, Cœur, Intestin Grêle, Maître du Cœur, Triple Réchauffeur, Reins.

**Saveur:**   Doux.

**Polarité:**   Yin.

**Action:**   L'énergie dégagée par l'huile essentielle de basilic calme les méridiens Rate et Estomac, mais aussi ceux de l'élément Feu: Cœur, Intestin Grêle, Maître du Cœur, Triple Réchauffeur (l'enfant qui épuise la mère), d'où son action antispasmodique apaisante et rééquilibrante. L'essence de basilic décongestionne également les reins et les surrénales par le cycle Ko.

# Propriétés principales

### tive

Cette huile essentielle favorise la digestion et évite les fermentations gastro-intestinales qui provoquent les ballonnements et les lourdeurs digestives.

### Antispasmodique

L'essence de basilic calme le système nerveux et évite les spasmes musculaires. Elle favorise le sommeil chez les personnes anxieuses, tendues et spasmées.

# Propriétés secondaires

### Diurétique

L'huile essentielle de basilic augmente la quantité de mictions en favorisant le travail des reins.

### Tonique

Elle renforce les défenses de l'organisme.

# Mode d'emploi

### Usage externe

Par friction, sur le ventre et le plexus solaire.

### Usage interne

Une à deux gouttes diluées dans un demi-verre d'eau ou une goutte appliquée directement sur la langue.

### Lourdeur digestive

Après le repas, prenez une à deux gouttes d'huile essentielle de basilic dans un demi-verre d'eau ou mettez une goutte directement sur la langue.

### Troubles de la digestion

Vous pouvez ajouter une à deux gouttes d'huile essentielle de basilic aux potages, aux plats de poisson, aux pâtes et aux vinaigrettes. En plus d'avoir bon goût, l'essence de basilic vous aidera à bien digérer votre repas.

### Insomnie / Anxiété / Spasmes

Faites une infusion de tilleul dans laquelle vous ajouterez trois gouttes d'huile essentielle de basilic juste avant de la boire; buvez ce breuvage avant de dormir. Mettez deux gouttes d'huile essentielle de basilic sur votre oreiller. Frictionnez-vous le plexus solaire avec une à deux gouttes.

# Précautions

Aucun problème en friction, mais en usage interne et à doses exagérées, l'essence de basilic peut avoir une action stupéfiante, car elle diminue l'activité nerveuse. Comme pour toutes les essences, il est donc conseillé d'en user modérément. Mais rassurez-vous, quelques gouttes par jour apportent calme tout en tonifiant l'organisme. Cette huile essentielle fortifie les nerfs, les reins et le cœur.

*Branche de rosier*

# Bois de rose

*Rosa centifolia*

L'huile essentielle de bois de rose est extraite du bois de rosier originaire des pays tropicaux. Elle est l'huile idéale pour la peau qu'elle régénère. On l'utilise généralement en remplacement de l'huile essentielle de rose qui est trop coûteuse.

## Identité énergétique

**Élément:** Terre.

**Méridiens:** Rate, Estomac, Cœur, Intestin Grêle, Maître du Cœur, Triple Réchauffeur, Reins.

**Saveur:** Doux.

**Polarité:** Yang, Yin.

**Action:** Par sa bipolarité, cette huile rééquilibre les méridiens de l'élément Terre qui, à son tour, rééquilibre l'ensemble des méridiens, mais surtout ceux de l'élément Feu: Maître du Cœur, Triple Réchauffeur, Cœur, Intestin Grêle. L'essence de bois de rose a également une action sur le méridien Reins qui représente la base et le sommet par la loi des 5 éléments et sa représentation spirituelle énergétique (voir *Voyage au Centre de la Vie* du présent auteur). Ceci explique les qualités du parfum subtil de cette fleur, belle et délicate.

# Propriétés principales

## Calmante / Équilibrante / Régénératrice

L'huile essentielle de bois de rose calme l'angoisse tout en stimulant le système nerveux cérébral et particulièrement les glandes pinéale et pituitaire correspondant aux chakras supérieurs. Elle favorise l'équilibre entre le système orthosympathique et le système parasympathique et, de ce fait, calme les agitations cardiaques.

## Rééquilibrant dermique

L'huile essentielle de bois de rose favorise la régénération du tissu cutané et s'oppose à son vieillissement prématuré. Elle aide à maintenir la jeunesse de la peau.

# Propriétés secondaires

## Décongestionnant oculaire

L'huile essentielle de bois de rose décongestionne le pourtour des yeux et éclaircit la vue, mais attention, comme pour toutes les huiles, il ne pas en mettre dans les yeux.

# Mode d'emploi

## Pour l'angoisse / Pour la nervosité

Frictionnez le plexus solaire avec quelques gouttes d'huile essentielle de bois de rose.

### Pour le cœur

Pour apaiser le cœur, frictionnez la région avec trois gouttes d'huile essentielle de bois de rose et mettez quelques gouttes sur un mouchoir que vous respirerez de temps à autre. Déposez-en quelques gouttes sur votre oreiller.

### Pour la peau

Ajoutez quelques gouttes d'huile essentielle de bois de rose à votre crème de beauté ou à de l'huile de germe de blé et appliquez sur votre peau. Ce mélange procure une sensation agréable.

### Pour le pourtour des yeux

Mettez une goutte d'huile essentielle de bois de rose sur le bout de votre doigt et massez le pourtour de votre œil en prenant soin de ne pas atteindre l'intérieur de l'œil. Cette huile essentielle est très douce et peut être utilisée directement sur la peau.

# Précautions

Méfiez-vous des prétendues huiles essentielles de rose, car celles-ci sont souvent falsifiées étant donné leur coût élevé. Il est donc préférable d'utiliser l'huile essentielle de bois de rose.

L'huile essentielle de bois de rose est surtout utilisée en usage externe et, par conséquent, ne pose pas de problème particulier, d'autant plus qu'elle est très douce.

*Branche de cajeput*

# Cajeput

*Melaleuca leucadendron*

Le cajeput est un très bel arbre de 15 mètres de haut qui pousse principalement dans les îles de l'océan Indien, en Indonésie, au Viêt-nam et dans le nord de l'Australie.

L'huile essentielle de cajeput est obtenue par distillation des feuilles fraîches; elle diffuse une odeur camphrée et elle a des propriétés remarquables sur les voies respiratoires.

## Identité énergétique

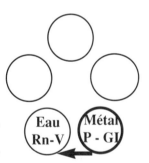

***Élément:*** Métal.
***Méridiens:*** Poumons, Gros Intestin, Reins, Vessie.
***Saveur:*** Âcre.
***Polarité:*** Yang.
***Action:*** L'énergie dégagée par l'huile essentielle de cajeput s'oppose à l'invasion du froid (excès de Yin) au niveau des méridiens Poumons et Gros Intestin et par le cycle nourricier au niveau des méridiens Reins et Vessie.

# Propriétés principales

## Antiseptique pulmonaire et intestinal

L'huile essentielle de cajeput est un puissant antiseptique pulmonaire et peut agir contre les grippe, bronchite et début de rhume.

C'est aussi un antiseptique intestinal dans les cas de diarrhée, de dysenterie et d'entérite.

# Propriétés secondaires

## Sudorifique

L'huile essentielle de cajeput favorise la transpiration et permet ainsi d'éliminer les toxines.

## Antirhumatismale

Frictionnée sur les régions rhumatismales douloureuses, l'essence de cajeput peut avoir un effet calmant.

# Mode d'emploi

## Coup de froid / Rhume / Bronchite

Mettez une goutte sur la langue aux trois heures. Frictionnez le cou, la poitrine et le dos avec de l'huile essentielle de cajeput.

Il est également conseillé de faire des inhalations; pour cela, versez dans un bol d'eau bouillante trois gouttes d'huile essentielle de cajeput dont vous respirerez les effluves.

On peut également verser quelques gouttes sur son mouchoir ou sur son oreiller.

À noter qu'un diffuseur d'huiles essentielles vous permettra de toujours profiter des effets bienfaisants des vapeurs d'essence de cajeput dans la pièce où vous séjournez.

### Diarrhée

Prenez une goutte dans un demi-verre d'eau tiède toutes les trois heures. Frictionnez-vous le ventre avec de l'huile essentielle de cajeput.

### Douleurs articulaires et rhumatismales

Frictionnez la région douloureuse plusieurs fois par jour avec cette huile essentielle pure.

# Précautions

L'absorption de doses élevées de cajeput peut provoquer des vomissements et des brûlures d'estomac. Veuillez donc utiliser l'essence avec parcimonie.

Camomille

# Camomille

## Matricaria chamomilla

Parmi les nombreuses variétés de camomille, seules la camomille romaine et la camomille allemande sont officinales. L'huile essentielle de camomille est obtenue à partir de fleurs récemment séchées, la distillation est délicate et nécessite une grande quantité de fleurs. Le prix est très élevé, c'est une huile essentielle précieuse. Parmi les principaux constituants actifs de la camomille, l'azulène joue un rôle important au niveau de la peau et des sinus.

## *Identité énergétique*

**Élément:** Feu.

**Méridiens:** Maître du Cœur, Triple Réchauffeur, Rate, Estomac, Poumons, Foie, Vésicule Biliaire.

**Saveur:** Amer, doux.

**Polarité:** Yin, Yang.

**Action:** La bipolarité de cette huile lui permet de calmer le Yang des méridiens Maître du Cœur et Triple Réchauffeur et de sécher l'humidité de l'énergie Rate, d'où ses propriétés anti-inflammatoires et antiallergiques. D'autre part, l'essence de camomille agit sur les méridiens Foie et Vésicule Biliaire par les deux cycles (Ko et nourricier). Il faut noter qu'elle a également une action favorable sur la peau grâce à l'action qu'ont les cycles Ko et nourricier sur le méridien Poumons.

# Propriété principale

## Anti-inflammatoire

Grâce à son constituant principal, l'azulène, l'huile essentielle de camomille offre une action anti-inflammatoire décongestive et antiallergique au niveau de la peau dans les cas de plaie, d'urticaire et d'eczéma.

# Propriétés secondaires

## Vermifuge

En usage interne, l'huile essentielle de camomille favorise l'élimination des vers intestinaux, plus particulièrement les ascaris et les oxyures.

## Antalgique

Frictionnée sur les tempes et les sinus, elle peut calmer les migraines et les sinusites.

## Antiallergique

L'huile essentielle de camomille peut avoir une action désensibilisante, antihistaminique et antiallergique, surtout si elle est diffusée dans la pièce où l'on se trouve.

# Mode d'emploi

### Dermatose / Eczéma / Urticaire

Mettez quelques gouttes d'huile essentielle sur une ouate de coton que vous appliquerez et laisserez agir sur la région affectée pendant plusieurs heures.

### Sinusite / Migraine / Céphalée

Frictionnez la région sensible ou, mieux encore, le trajet au niveau du visage des méridiens Vessie, Vésicule Biliaire et Estomac, avec une goutte ou deux d'huile essentielle de camomille.

### Percée des dents

Si l'enfant souffre en perçant ses dents, massez-lui doucement les gencives avec une goutte d'huile essentielle de camomille romaine.

# Précautions

Étant donné le prix élevé de cette huile, assurez-vous que celle-ci soit 100% pure, car si elle a été falsifiée avec des essences de térébenthine, elle ne pourra rendre les résultats escomptés.

*Branche de cannelier*

# Cannelle

*Cinnamomum zeylanicum*

Le cannelier, très répandu sous les tropiques, se retrouve en Inde, près de l'océan Indien, mais ses variétés les plus réputées proviennent de Chine et du Sri Lanka. L'huile essentielle est extraite de l'écorce de cet arbre; sa saveur épicée est très caractéristique et son emploi culinaire, courant.

## Identité énergétique

**Élément:**    Terre.

**Méridiens:**    Rate-pancréas, Estomac, Poumons, Gros Intestin, Intestin Grêle, Triple Réchauffeur.

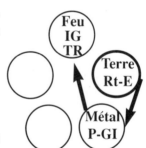

**Saveur:**    Doux, légèrement piquant.

**Polarité:**    Yang.

**Action:**    L'action énergétique de l'huile essentielle de cannelle réchauffe les méridiens Rate-pancréas, Estomac, Poumons, Gros Intestin, Intestin Grêle et Triple Réchauffeur. Elle s'oppose aux troubles résultant d'une attaque de ces méridiens par le froid.

# Propriétés principales

## Antiseptique / Stimulante / Antiputride

L'huile essentielle de cannelle, prise à la fin d'un repas, évite les fermentations et favorise la digestion tout en apportant à l'organisme sa bienfaisante énergie stimulante.

# Propriétés secondaires

## Aphrodisiaque

L'huile essentielle de cannelle a une action excitante sur les glandes sexuelles.

## Digestive

Elle stimule la production des sucs digestifs de l'estomac et du pancréas.

## Stimulante au niveau de l'utérus

L'huile essentielle de cannelle peut accélérer les contractions utérines au moment de l'accouchement.

# Mode d'emploi

## Diarrhée

Pour stopper une diarrhée, mettez une goutte d'huile essentielle de cannelle sur une cuillerée de miel que vous diluerez dans un verre d'eau chaude. Renouvelez l'opération toutes les trois heures.

### Début de grippe

Pour enrayer un début de grippe, frictionnez-vous délicatement le cou et la poitrine avec une petite goutte d'huile essentielle de cannelle; mettez une goutte sur votre langue toutes les trois heures.

### Fatigue

Frictionnez-vous la poitrine et la région du cœur avec un mélange d'huile d'amande douce et de quelques gouttes d'huile essentielle de cannelle, de romarin et de sarriette. Ce mélange est également aphrodisiaque. Si vous désirez augmenter cette action, frictionnez le bas de votre dos et votre ventre.

### Usage culinaire

Ajoutez une goutte d'huile essentielle dans les compotes de pomme, les pâtisseries et certains plats pour apporter une saveur agréable et favoriser la digestion.

## Précautions

Il est important de ne pas prendre plus d'une goutte à la fois, et jamais plus de cinq gouttes par jour, car cette huile est très puissante et pourrait être irritante, voire convulsivante à doses élevées. En contact direct avec la peau, l'essence de cannelle provoque une sensation de brûlure qui disparaît au bout de quelques minutes. Ceci dit, à doses raisonnables, c'est-à-dire inférieures à cinq gouttes par jour, elle est sans danger et d'une efficacité bienfaisante et rapide. Son emploi est très courant mais, comme toutes les bonnes choses, il faut savoir en user modérément.

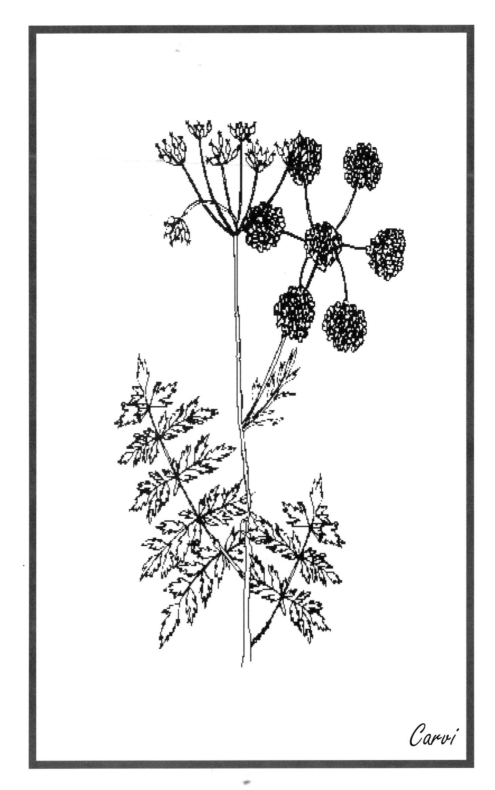

Carvi

# Carvi

*Carum carvi*

Le carvi, aussi appelé cumin des prés, pousse à l'état sauvage aussi bien en Europe qu'en Asie. Ses petites graines sont très utilisées comme condiment culinaire dans le nord de l'Europe et plus particulièrement en Allemagne. Elles favorisent grandement la digestion.

## Identité énergétique

**Élément:** Terre.
**Méridiens:** Rate, Estomac, Gros Intestin.
**Saveur:** Doux, chaud.
**Polarité:** Yang.
**Action:** Sa saveur douce et chaude s'oppose aux excès de Yin dans les méridiens Rate, Estomac et Gros Intestin, évitant ainsi les fermentations et, par conséquent, les ballonnements.

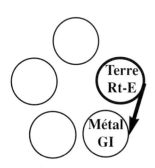

# Propriété principale

## Stimulant des fonctions intestinales

L'huile essentielle de carvi prise après un repas peut prévenir les fermentations génératrices de gaz gastro-intestinaux et, par là-même, de ballonnements. Elle a ainsi une action sur l'aérophagie, les dyspepsies et la digestion pénible.

# Propriétés secondaires

## Vermifuge

L'huile essentielle de carvi assainit les intestins et aide à chasser les vers qui pourraient s'y trouver.

## Digestive

L'huile essentielle de carvi stimule les fonctions digestives.

## Diurétique

Cette huile nettoie les reins et peut être utile dans les cas de néphrite, de cystite et de calculs rénaux.

# Mode d'emploi

### Ballonnements / Aérophagie / Aérogastrie

Mettez une goutte d'huile essentielle de carvi sur la langue après le repas. Éventuellement, frictionnez votre ventre avec quelques gouttes, de préférence après le repas.

Vous pouvez également verser une goutte d'huile essentielle de carvi dans votre potage et votre plat principal. Sa saveur convient très bien aux choucroutes, aux pot-au-feu et à certaines sauces; le carvi favorise également la digestion des fromages forts comme le munster.

### Pour favoriser la miction et assainir les reins

Prenez une goutte de cette huile essentielle dans un peu d'eau trois fois par jour, entre les repas, pendant huit jours, puis continuez une fois par jour.

# Précautions

On ne connaît pas d'action intempestive à l'huile essentielle de carvi, néanmoins, comme toute autre huile essentielle, il est recommandé de ne pas en abuser.

Cèdre

# Cèdre

*Cedrus atlantica*

Les meilleures huiles essentielles de cèdre proviennent du cèdre de l'Atlas et de la Virginie.

L'huile essentielle de cèdre est utile en dermatologie. Elle agit favorablement sur la santé des cheveux, du cuir chevelu, de la peau et des ongles. C'est également un antiseptique urinaire.

## Identité énergétique

**Élément:**     Métal.
**Méridiens:**     Poumons, Gros Intestin, Reins, Vessie.
**Saveur:**     Âcre.
**Polarité:**     Yin.
**Action:**     L'huile essentielle de cèdre calme le Yang dans les méridiens Poumons et Gros Intestin ainsi que Reins et Vessie (cycle nourricier), d'où son action sur la peau, les cheveux et contre les affections respiratoires et urinaires.

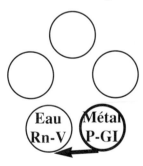

# Propriétés principales

### Anti-démangeaisons

En application sur la peau affectée, l'huile essentielle de cèdre aide à faire disparaître les démangeaisons résultant de dermatose, d'eczéma sec, de prurit et de piqûres d'insectes, tout en favorisant la guérison.

### Tonique capillaire

Comme sur la peau, l'essence de cèdre a une action bénéfique sur le cuir chevelu, luttant notamment contre les pellicules.

# Propriété secondaire

### Antiseptique urinaire

L'huile essentielle de cèdre est un excellent antiseptique urinaire pouvant aider à soigner les cystites, vaginites, métrites, urétrites et autres affections uro-génitales.

# Mode d'emploi

### Dermatoses / Eczéma sec / Prurit / Piqûres d'insectes

Mettez quelques gouttes d'huile essentielle sur une ouate de coton que vous appliquerez sur la région affectée durant au moins une demi-heure, plus si nécessaire.

## Troubles du cuir chevelu

Faites un masque d'argile pour cheveux gras pelliculeux ou un masque aux œufs pour cheveux secs. Avant de placer le masque, versez-y trois gouttes d'huile essentielle de cèdre Laissez le masque en place au moins quinze minutes.

## Affections uro-génitales

Prenez une goutte de cèdre diluée dans un verre d'eau tiède. Buvez trois fois par jour, pendant trois jours.

Frictionnez votre bas-ventre et le bas de votre dos avec de l'huile essentielle pure.

On peut également se faire des lavements vaginaux avec de l'eau tiède préalablement bouillie dans laquelle on aura incorporé quelques gouttes d'huile essentielle de cèdre.

## Bronchite

Mettez une goutte sur la langue toutes les trois heures. Frictionnez la poitrine avec de l'huile essentielle pure. Respirez les émanations de quelques gouttes d'huile essentielle de cèdre versées sur un mouchoir ou sur votre oreiller ou, mieux encore, utilisez un diffuseur d'huiles essentielles pour assainir la pièce où vous vous trouvez.

# Précautions

Aucun problème en usage externe. Toutefois, en usage interne et à doses élevées, l'huile essentielle de cèdre peut provoquer des brûlures d'estomac, des nausées et une grande soif; il est donc recommandé de l'utiliser avec modération.

Citronnier et citron

# Citron

*Citrus limonum*

L'huile essentielle de citron est obtenue par la distillation de la partie externe de l'écorce du fruit. Il faut environ 3000 citrons pour obtenir un litre d'huile essentielle de citron. Ses propriétés sont nombreuses.

## Identité énergétique

**Élément:**    Bois.
**Méridiens:**    Foie, Vésicule Biliaire, Reins, Vessie.
**Saveur:**    Acide.
**Polarité:**    Yin.
**Action:**    L'huile essentielle de citron régularise les énergies Foie et Vésicule Biliaire, favorise l'amincissement par ses propriétés diurétiques et nettoyantes, stimule les fonctions de défense du foie et des amygdales et peut avoir une action bénéfique sur la peau grâce au cycle Ko.

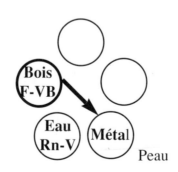

# Propriétés principales

### Tonique
L'huile essentielle de citron stimule le système de défense.

### Antiseptique
Elle est également un puissant bactéricide apprécié dans le cas d'affections de la gorge et de la peau.

### Dépurative
L'huile essentielle de citron régularise les fonctions hépato-biliaires et favorise les fonctions circulatoires. Elle aide à traiter les rhumatismes en purifiant le sang.

# Propriétés secondaires

### Cicatrisante
L'huile essentielle de citron purifie les petits plaies et favorise leur cicatrisation.

### Amincissante
Son emploi se justifie dans le cadre de soins d'amincissement.

# Mode d'emploi

### Mal de gorge / Début de grippe
Mettez une goutte d'huile essentielle de citron sur la langue toutes les trois heures. Frictionnez la gorge et la poitrine avec de l'huile essentielle pure.

### Peau grasse / Acné

Faites un masque avec de l'argile verte dans laquelle vous aurez mis trois gouttes d'huile essentielle de citron; laissez le masque sur le visage une dizaine de minutes. Vous pouvez renouveler cette opération une fois par semaine. Vous pouvez également appliquer directement sur le bouton un coton légèrement imbibé d'huile essentielle de citron que vous laisserez agir durant au moins 15 minutes.

### Troubles des gencives

Avant de vous coucher, massez-vous les gencives durant une minute avec une goutte d'huile essentielle de citron appliquée sur le doigt.

### Ongles fragiles, cassants et se dédoublant

Massez-vous les mains et les ongles deux à trois fois par semaine avec un mélange d'huile de germe de blé et quelques gouttes d'huile essentielle de citron.

### Troubles menstruels / Sénescence / Obésité / Dérèglements métaboliques / Purification du sang / Rhumatismes / Fortification des veines et artères

Trois fois par semaine, versez une goutte d'huile essentielle de citron sur une cuillerée de miel. Diluez dans un verre d'eau tiède et prenez le matin à jeûn. Vous pouvez y ajouter le jus d'un citron.

## Précautions

L'huile essentielle de citron peut s'altérer à la lumière et à la chaleur. Il convient donc de la conserver dans un endroit frais et obscur.

Coriandre

# Coriandre

*Coriandrum sativum*

La coriandre est une herbe annuelle qui produit des petits fruits ronds de la grosseur d'une tête d'épingle. Ces fruits sont utilisés comme condiment pour leurs propriétés digestives, surtout par les peuples musulmans.

## Identité énergétique

**Élément:**      Terre.
**Méridiens:**    Rate, Estomac.
**Saveur:**       Doux.
**Polarité:**     Yang.
**Action:**       L'huile essentielle de coriandre tonifie le Yang des méridiens Rate et Estomac et s'oppose aux fermentations Yin génératrices de gaz et de flatulences. De plus, elle tonifie la mémoire et combat le lymphatisme chez les personnes qui ont une insuffisance énergétique au niveau du méridien Rate.

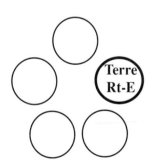

# *Propriétés principales*

### *Antiputride*
L'huile essentielle de coriandre prise après un repas supprime la production de gaz et, par conséquent, évite les ballonnements gastro-intestinaux, évitant ainsi les fermentations putrides du gros intestin.

### *Tonique*
L'huile essentielle de coriandre est un excellent tonifiant qui renforce l'organisme contre la fatigue.

# *Propriétés secondaires*

### *Stimulant de la mémoire*
Les lenteurs digestives gênent la concentration. En favorisant la bonne digestibilité des repas avec une goutte d'huile essentielle de coriandre prise après chacun de ceux-ci, vous rendrez votre sang plus disponible au niveau cérébral et, par là-même, vous favoriserez vos possibilités mémorielles.

### *Stimulant gastro-pancréatique*
L'huile essentielle de coriandre stimule l'estomac et le pancréas paresseux et peut être utile dans certains cas de diabète.

# Mode d'emploi

## Gaz intestinaux / Ballonnements / Digestion difficile

Mettez une goutte d'huile essentielle de coriandre sur la langue après le repas. Frictionnez aussi votre ventre avec quelques gouttes.

## Manque de tonus

Mettez une goutte de coriandre, de romarin et de sarriette sur une cuillerée de miel, diluez dans un demi-verre d'eau tiède et buvez après le repas.

# Précautions

Aucun problème en usage externe. En usage interne et à faibles doses, l'essence de coriandre stimule et euphorise, mais à hautes doses, elle peut provoquer des phénomènes d'excitation, d'ivresse et de dépression. D'autre part, exigez toujours une huile essentielle de coriandre 100% pure. En effet, l'huile essentielle de coriandre peut souvent être falsifiée avec de l'essence de térébenthine pour en diminuer le coût. Dans ce cas, elle ne pourrait donner les effets bénéfiques que vous en attendez. Sachez également que la variété de coriandre en provenance de la C.É.I. est souvent supérieure aux autres.

Cyprès

# *Cyprès*

*Cupressus sempervirens*

L'huile essentielle de cyprès est obtenue à partir des fruits de l'arbre: les noix de cyprès.

## Identité énergétique

**Éléments :**     Bois, Terre.
**Méridiens :**   Foie, Rate, Estomac.
**Saveur :**       Acide, doux.
**Polarité :**     Yin, Yang.
**Action :**       Par sa bipolarité, l'huile essentielle de cyprès agit à la fois sur le Yang de l'énergie Foie, qu'il calme, et sur le Yin de l'énergie Rate, qu'il réchauffe, d'où son action sur la circulation de retour et le système nerveux sympathique.

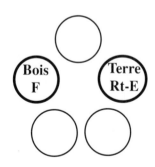

# Propriétés principales

## Tonifiant vasculaire

L'huile essentielle de cyprès est astringente, vaso-constrictrice. Elle a pouvoir veinotrope, ce qui veut dire qu'elle agit favorablement sur le tonus du système veineux.

## Antihémorroïdaire

En application directe sur les hémorroïdes, l'huile essentielle de cyprès calme le désagrément de celles-ci en quelques minutes.

# Propriété secondaire

## Agent antisudoral des pieds

Les bains de pieds additionnés de quelques gouttes d'huile essentielle de cyprès et de sauge stimulent la circulation et aide à la normalisation du système nerveux régissant le fonctionnement des glandes sudoripares, diminuant ainsi la transpiration excessive des pieds.

# Mode d'emploi

## Circulation veineuse / Jambes lourdes / Varices / Hémorroïdes / Règles douloureuses / Ménopause

Le matin, vers 10 heures, et l'après-midi, entre 14 et 15 heures, prenez un demi-verre d'eau chaude dans lequel vous aurez incorporé une goutte d'huile essentielle de cyprès diluée dans un peu de miel.

Frictionnez-vous chaque jour les jambes avec un peu de cette huile essentielle. Si vous y associez la stimulation des points énergétiques, les résultats seront des plus efficaces.

Voyez dans le chapitre suivant les points qu'il convient de stimuler dans votre cas précis; les résultats ne manqueront pas de vous surprendre dès la première séance, surtout si vous le faites à l'aide du *Puncteur Électronique.*

### Hémorroïdes / Varices
Vous pouvez appliquer directement sur vos hémorroïdes ou vos varices de l'huile essentielle de cyprès pure ou mélangée à de l'huile d'olive ou d'amande douce ou de germe de blé.

### Coqueluche
Prenez un demi-verre d'eau chaude dans lequel vous aurez incorporé une goutte d'huile essentielle diluée dans un peu de miel.

# Précautions

Appliquée pure directement sur les hémorroïdes, l'huile essentielle de cyprès provoque pendant quelques secondes une sensation de chaleur qui s'estompe bien vite pour faire place à un soulagement très apprécié.

Évitez l'absorption d'huile essentielle de cyprès le soir, car elle pourrait troubler votre sommeil. Faites-en un usage modéré. En cas d'abus, elle pourrait provoquer des vertiges et des bouffées de chaleur.

*Tige d'eucalyptus*

# Eucalyptus

*Eucalyptus globulus*

L'huile essentielle d'eucalyptus, très connue pour ses propriétés antiseptiques des voies respiratoires, est obtenue par la distillation des feuilles d'eucalyptus. Il existe plusieurs variétés d'eucalyptus, celles-ci pouvant avoir des effets différents.

## Identité énergétique

**Élément:** Métal.

**Méridiens:** Poumons, Gros Intestin, Reins, Vessie.

**Saveur:** Âcre.

**Polarité:** Yang, Yin.

**Action:** Par sa bipolarité, l'huile essentielle d'eucalyptus agit aussi bien sur l'énergie Yin que Yang des méridiens Poumons et Reins-Vessie (cycle nourricier). Mais on lui reconnaît également une saveur ajoutée mi-amère, mi-douce qui agit sur l'énergie Rate, d'où son action hypoglycémiante.

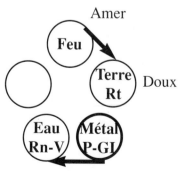

# Propriété principale

## Antiseptique des voies respiratoires

Le principe actif de l'eucalyptus sur les voies respiratoires provient de son principal constituant, l'eucalyptol, très connu pour son pouvoir bactéricide. L'essence d'eucalyptus est efficace surtout contre les affections récentes. On a souvent intérêt à l'utiliser conjointement avec de l'huile essentielle de thym et de citron.

# Propriétés secondaires

## Antiseptique génito-urinaire

Bien que l'huile essentielle d'eucalyptus soit avant tout un antiseptique des voies respiratoires, elle agit également sur les voies urinaires et intestinales en désinfectant celles-ci, notamment dans les cas de cystite et de colibacillose  Mais n'oublions pas que pour les voies urinaires, les huiles essentielles de santal de Mysore et de genièvre sont les plus spécifiques.

## Hypoglycémiant

L'huile essentielle d'eucalyptus agit sur le pancréas. Elle est donc conseillée dans le cas d'hyperglycémie, mais non dans le cas d'hypoglycémie. Autrement dit, si vous êtes hypoglycémique, il est préférable d'utiliser l'huile essentielle de thym ou de cannelle pour les infections des voies aériennes respiratoires, ou celles de genièvre et de santal pour les infections des voies urinaires.

# Mode d'emploi

### Sinusite / Trachéite / Nez bouché / Début de grippe
Mettez une goutte d'huile essentielle d'eucalyptus sur la langue toutes les deux heures.

Frictionnez-vous le nez, les sinus et la gorge avec de l'huile essentielle d'eucalyptus plusieurs fois par jour.

Mettez quelques gouttes d'huile essentielle sur votre mouchoir et sur votre oreiller.

Si vous disposez d'un diffuseur, nous vous conseillons de purifier l'atmosphère avec cette huile essentielle. Vous pouvez aussi y ajouter de l'huile essentielle de thym et de pin.

Vous pouvez également faire des inhalations en versant quelques gouttes d'huile essentielle d'eucalyptus dans un bol d'eau bouillante dont vous respirerez les effluves.

# Précautions

L'eucalyptol n'est pas toxique; il est cependant conseillé d'en user modérément, surtout si vous êtes hypoglycémique.

*Branche de genévrier*

# Genièvre

*Juniperius communis*

L'huile essentielle de genièvre est obtenue par la distillation des baies de genévrier. Cependant, il existe des huiles essentielles obtenues par la distillation des feuilles du genévrier mais celles-ci ne peuvent prétendre aux mêmes effets thérapeutiques.

## Identité énergétique

**Élément:** Eau.
**Méridiens:** Rate, Reins, Vessie, Poumons, Gros Intestin.
**Saveur:** Doux, piquant.
**Polarité:** Yin, Yang.
**Action:** L'ambiguïté des deux saveurs attribuées à l'huile essentielle de genièvre et sa bipolarité lui confèrent plusieurs directions thérapeutiques. C'est pourquoi elle agit sur les méridiens Reins-Vessie et Poumons-Gros Intestin, d'où son action diurétique et antiseptique digestive. De plus, elle calme le Yang de l'énergie Rate, d'où son action antidiabétique.

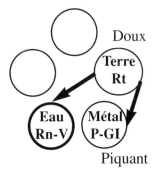

# Propriétés principales

### Antirhumatismale / Désintoxicante / Diurétique

L'huile essentielle de genièvre purifie le sang et stimule les reins tout en favorisant l'élimination des toxines et principalement celle de l'acide urique, génératrice de rhumatismes. De plus, elle stimule l'excrétion urinaire.

### Antiseptique digestif et urinaire

Les propriétés antiseptiques de l'huile essentielle de genièvre favorisent l'assainissement du tube digestif et du système génito-urinaire. De ce fait, celle-ci permet de lutter efficacement contre la colibacillose, la cystite et autres affections du genre.

# Propriétés secondaires

### Odontalgique

L'huile essentielle de genièvre lutte efficacement contre les névralgies dentaires.

### Résolutive / Détersive / Cicatrisante

L'essence de genièvre est indiquée pour traiter l'eczéma suintant, les dermatoses et les plaies atones.

# Mode d'emploi

### Douleurs articulaires / Rhumatismes / Rétention d'eau

Frictionnez la région douloureuse avec de l'huile essentielle de genièvre; prenez-en une goutte dans une cuillerée de miel, deux fois par jour, hors des repas.

### Troubles de la digestion

Mettez une goutte d'huile essentielle de genièvre sur la langue, après le repas.

### Cystite et autres troubles génito-urinaires

Prenez une goutte d'huile essentielle de genièvre trois fois par jour et frictionnez le bas de votre dos et votre bas-ventre avec quelques gouttes.

### Eczéma suintant / Dermatose / Plaies atones

Mettez quelques gouttes d'huile essentielle de genièvre sur un coton que vous appliquerez sur la partie atteinte durant quelques minutes.

### Névralgies dentaires

Massez votre gencive avec une goutte d'huile essentielle de genièvre posée sur votre index. L'huile de genièvre peut être utilisée conjointement avec de l'huile essentielle de girofle, plus spécifique au niveau dentaire.

# Précautions

L'huile essentielle de genièvre prise à petites doses stimule l'organisme. À fortes doses, cependant, elle peut provoquer de l'excitation et des brûlures de l'appareil digestif. Il est donc conseillé, comme toute bonne chose, d'en user modérément. Elle est également contre-indiquée dans les cas d'inflammation aiguë des voies urinaires, mais très recommandée pour les infections chroniques: cystite et toutes autres infections d'origine froide (Yin).

*Géranium*

# Géranium

*Pelargonium roseum*

Le géranium produit une essence agréable très utilisée en parfumerie et en cosmétique. Il existe plusieurs variétés de géranium, notamment le géranium Rosa dont le parfum se rapproche de celui de la rose et le géranium Bourbon qui vient principalement de l'Île de la Réunion.

## Identité énergétique

**Éléments :**    Terre, Eau.
**Méridiens :**    Rate-pancréas.
**Saveur :**    Doux, amer.
**Polarité :**    Yang.
**Action :**    L'huile essentielle de géranium réchauffe les méridiens Rate et Reins, s'oppose aux excès de Yin provoqués par le froid dans ces méridiens, d'où son effet bénéfique en cas de diarrhée, d'asthénie et d'infections chroniques des reins. Elle renforce l'énergie Yang de défense des reins, de la rate et des surrénales.

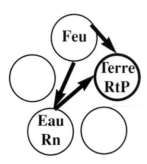

# *Propriétés principales*

## *Harmonisant rate et pancréas*

Plusieurs personnes apprécient le parfum dégagé par l'huile essentielle de géranium. Si c'est votre cas, vous profiterez alors des bienfaits dégagés par cette huile essentielle dont l'action élective se dirigera principalement sur l'équilibre énergétique du méridien Rate-pancréas.

## *Antimoustiques*

L'huile essentielle de géranium repousse la plupart des moustiques; ce qui vous préservera de leurs piqûres, si vous avez pris soin de frictionner toutes les parties exposées de votre corps.

# *Propriétés secondaires*

## *Cicatrisante*

L'action bactéricide et cicatrisante de l'huile essentielle de géranium peut donner de bons résultats dans le traitement de l'eczéma, de l'acné, des plaies, des coupures et de différentes autres dermatoses.

## *Antitabac*

Si vous avez décidé d'arrêter de fumer, l'huile essentielle de géranium peut aider, surtout si vous l'associez à la stimulation des points énergétiques spécifiques à cet effet.

## *Aphrodisiaque*

L'huile essentielle de géranium peut créer une attirance et stimuler les instincts sexuels.

# Mode d'emploi

## En usage externe

Frictionnez-vous tout le corps, plus particulièrement les régions de la rate et du pancréas, avec de l'huile essentielle de géranium.

## Antimoustiques

Frictionnez toutes les parties exposées de votre corps.

## En diffusion dans l'atmosphère

Servez-vous d'un diffuseur d'huiles essentielles pour répandre dans une pièce l'huile essentielle de géranium. Vous créerez ainsi une ambiance agréable et éviterez la présence des moustiques.

## Plaies / Brûlures / Eczéma / Coupures

Appliquez un coton imbibé de quelques gouttes d'huile essentielle de géranium sur la région affectée et laissez-le en place durant au moins une demi-heure.

## Pour éveiller les instincts sexuels

Frictionnez-vous tout le corps, principalement le dos, la nuque et un peu les cheveux. Vous pourrez ainsi stimuler des désirs chez votre partenaire, surtout si son énergie Rate l'apprécie.

# Précautions

L'huile essentielle de géranium n'occasionne pas d'inconvénients majeurs; les personnes qui ont un excès d'énergie Yang au niveau de l'énergie Rate la tolèrent toutefois mieux que celles qui sont en insuffisance et qui, du reste, apprécient moins l'odeur de cette essence.

*Branche de giroflier*

# Girofle

*Eugenia coryophyllata*

L'huile essentielle de girofle est obtenue par la distillation des clous de girofle séchés à l'air. Ceux-ci proviennent du giroflier, un arbre qui pousse dans les îles de l'océan Indien telles que Madagascar, la Réunion et Maurice. On trouve aussi des girofliers dans les Antilles.

## Identité énergétique

**Éléments:**   Eau, Métal.
**Méridiens:**   Reins, Poumons,
                 Gros Intestin.
**Saveur:**   Salé, piquant.
**Polarité:**   Yang.
**Action:**   De saveur ambiguë, à la fois piquante, salée et douce, l'huile essentielle de girofle stimule le Yang des méridiens Reins et Poumons, ce qui explique son action sur les dents en rapport avec le méridien Reins, son action sur la peau en rapport avec le méridien Poumons et sur les gaz en rapport avec le méridien Gros Intestin.

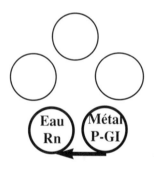

# Propriétés principales

## Apaisant odontalgique / Antiseptique / Anticolibacillaire

L'huile essentielle de girofle est un puissant antiseptique.

**Par voie interne,** elle évitera les fermentations intestinales et aidera à se débarrasser des parasites intestinaux.

**Par voie externe,** elle aide à lutter contre les parasites de la peau ainsi que les champignons.

## Léger anesthésiant

L'huile essentielle de girofle appliquée directement sur la dent ou la gencive douloureuse procure une sensation apaisante et pourrait même faire disparaître l'infection.

# Propriétés secondaires

## Tonifiante / Aphrodisiaque

L'huile essentielle de girofle tonifie l'organisme, la digestion et la mémoire. Elle aurait également une action stimulante sur les glandes sexuelles et sur l'utérus.

## Antimycosique

L'huile essentielle de girofle aide à éliminer les champignons qui se logent dans les régions chaudes et humides des muqueuses du corps, notamment au niveau intestinal et au niveau vaginal tel le candida albicans.

# Mode d'emploi

## Maux de dents / Infections dentaires

Massez la gencive avoisinant la dent avec un peu d'huile essentielle de girofle. Faites également des bains de bouche avec deux à trois gouttes d'huile essentielle de girofle dans de l'eau tiède.

## Ballonnements / Flatulences / Gaz intestinaux / Parasites intestinaux / Digestion difficile

Après le repas, prenez une goutte d'huile essentielle de girofle que vous aurez préalablement mélangée dans une cuillerée de miel diluée dans un demi-verre d'eau tiède. Frictionnez-vous le ventre avec de l'huile essentielle de girofle.

## Mycose cutanée (champignons)

Dans les cas les plus fréquents où la mycose se loge entre les orteils, appliquez sur celle-ci un coton imbibé d'huile essentielle de girofle que vous laisserez en place plusieurs heures.

## Candida albicans / Infections génito-urinaires

Faites des lavements avec de l'eau bouillie, dans laquelle vous aurez versé trois gouttes d'huile essentielle de girofle. Pour plus d'efficacité, ajoutez trois gouttes de santal de Mysore et deux gouttes de genièvre ou, mieux encore, le mélange tout préparé *Synergie-9-CAN*.

# *Précautions*

L'huile essentielle de girofle est une huile très efficace, qui, en application directe, est susceptible de provoquer une sensation de brûlure qui disparaît en général très rapidement. Comme toutes les huiles essentielles, il convient de ne pas dépasser les doses prescrites, sauf sous avis de votre praticien.

*Lavande*

# Lavande

*Lavandula vera*

L'huile essentielle de lavande est obtenue par distillation de la plante. Celle-ci pousse dans tout le bassin méditerranéen, plus particulièrement en Provence française. Elle est très populaire, mais seules les huiles essentielles de lavande de première qualité peuvent prétendre aux effets thérapeutiques énumérés ci-après.

## Identité énergétique

**Éléments:** Feu, Métal.
**Méridiens:** Maître du Cœur, Cœur, Poumons.
**Saveur:** Amer.
**Polarité:** Yang, Yin.
**Action:** L'huile essentielle de lavande doit son action sur la peau à l'élément Métal et son action sur le plexus solaire aux méridiens Cœur et Maître du Cœur qui calment le système nerveux sympathique. C'est une essence régulatrice Yin, Yang.

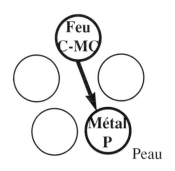

# Propriétés principales

## Antiseptique / Calmante / Cicatrisante

L'huile essentielle de lavande dégage un parfum délicat. Son action antiseptique, calmante et cicatrisante est très appréciée dans les cas d'affections de la peau. La lavande est aussi efficace dans les cas d'acné, de petits boutons, de plaies, de brûlures et d'ecchymoses.

# Propriétés secondaires

## Hypotenseur / Tonicardiaque

L'huile essentielle de lavande, tout en calmant les nerfs du coeur, en renforce le tonus.

## Antiseptique pulmonaire

L'huile essentielle de lavande est surtout utilisée comme antiseptique cutané, mais elle présente également des propriétés antiseptiques des voies aériennes respiratoires. Elle peut compléter l'action d'autres huiles essentielles, comme le thym, la sarriette et le pin, dans un mélange synergique.

## Sédative

L'huile essentielle de lavande est très relaxante, elle favorise la détente et le sommeil.

## Antimites

Quelques gouttes d'huile essentielle de lavande dans l'armoire à linge sauvera vos vêtements des visiteurs indésirables que sont le mites.

# Mode d'emploi

### Acné / Boutons / Plaies / Brûlures / Piqûres d'insectes

Appliquez directement sur la région affectée un coton imbibé de quelques gouttes d'huile essentielle de lavande pure; laissez le en place durant au moins vingt minutes.

### Troubles du sommeil / Anxiété

Respirez les effluves de quelques gouttes d'huile essentielle de lavande que vous aurez déposées sur vos draps, votre oreiller ou votre mouchoir. Frictionnez-vous le plexus solaire et les tempes avec un peu d'huile essentielle de lavande.

### Bain relaxant

Versez dix à quinze gouttes d'huile essentielle de lavande sous le robinet pendant que l'eau de votre bain coule. C'est une des rares huiles essentielles qui est directement miscible dans l'eau; elle n'a donc pas besoin d'être préalablement diluée dans du lait, un œuf, du shampoing ou un autre solvant.

# Précautions

Exigez toujours une huile essentielle de lavande de haute qualité, 100% pure. Il s'agit d'une huile très appréciée et, étant donné la forte demande, elle est très souvent falsifiée. Une huile essentielle de lavande obtenue par distillation à l'ancienne de plantes sauvages, ou cultivée agrobiologiquement, et provenant de Haute-Provence, est incomparable. Nous serons heureux de vous communiquer les meilleures adresses où vous la procurer.

*Tige de mandarinier*

# Mandarine

*Citrus nobilis*

L'huile essentielle de mandarine est obtenue par la distillation de l'écorce du fruit du mandarinier. Cet arbre originaire de Chine méridionale doit son nom au fait que ses fruits étaient jadis offerts aux mandarins chinois.

L'huile essentielle obtenue est agréable et a une odeur délicate.

## Identité énergétique

**Éléments :**    Bois, Feu.
**Méridiens :**   Cœur, Maître du Cœur, Triple Réchauffeur, Foie.
**Saveur :**      Acide.
**Polarité :**     Yin.
**Action :**      L'huile essentielle de mandarine calme l'énergie Yang des méridiens Maître du Cœur, Triple Réchauffeur et Cœur.

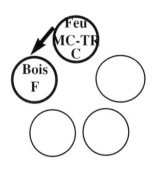

# Propriétés principales

### Antiépileptique

L'huile essentielle de mandarine est la seule huile essentielle ayant une action aussi intéressante pour prévenir que pour calmer les crises d'épilepsie.

### Antispasmodique / Relaxante

Cette huile calme les spasmes et les palpitations cardiaques, apaise les surtensions nerveuses et favorise le sommeil.

# Propriétés secondaires

### Digestive

L'huile essentielle de mandarine prise après un repas favorise la digestion.

### Tonicardiaque

Tout en calmant les spasmes et les palpitations cardiaques, l'essence de mandarine équilibre le fonctionnement du cœur et en renforce le tonus musculaire.

### Régénératrice de la peau

Par son action trophique au niveau tissulaire, l'huile essentielle de mandarine aide à maintenir la jeunesse de la peau.

# Mode d'emploi

### Nervosité / Spasmes / Palpitations

Prenez une goutte de cette huile, dans un demi-verre d'eau, entre les repas, trois fois par jour.

### Prévention des crises d'épilepsie

Prenez trois gouttes d'huile essentielle de mandarine dans un demi-verre d'eau dès les premiers signes de la crise, puis frottez-vous le plexus solaire avec quelques gouttes de cette huile pure.

### Insomnie

Buvez dans la soirée une infusion de tilleul dans laquelle vous aurez versé trois à cinq gouttes d'huile essentielle de mandarine. Mettez quelques gouttes de cette huile sur votre oreiller. Vous obtiendrez des résultats encore plus appréciables si vous stimulez les points énergétiques proposés dans le chapitre suivant.

### Jeunesse du visage

Pour conserver la jeunesse de votre visage, appliquez sur tout le visage, le soir, après vous être nettoyé la peau, une ouate de coton imbibée d'un mélange d'une goutte d'huile essentielle de mandarine diluée dans un peu d'huile d'amande douce ou, mieux encore, de calendula ou de lys.

# Précautions

L'huile essentielle de mandarine est très bien tolérée, même chez les enfants. Elle est du reste la seule huile essentielle, outre la lavande, que l'on peut utiliser pour aider les bébés à bien dormir.

Mais comme toute bonne chose, il est toujours conseillé de ne pas en abuser, car elle pourrait, dans ce cas, irriter l'estomac.

Marjolaine

# Marjolaine

*Origanum marjorana*

L'huile essentielle de marjolaine est obtenue par distillation des tiges fleuries de la plante. Celle-ci pousse sur toute la côte méditerranéenne et principalement en Europe centrale. Ne confondez pas marjolaine et origan.

## Identité énergétique

**Éléments:** Feu, Bois.

**Méridiens:** Maître du Cœur, Triple Réchauffeur, Foie, Vésicule Biliaire.

**Saveur:** Amer.

**Polarité:** Yin.

**Action:** L'huile essentielle de marjolaine calme le système orthosympathique et, par là-même, agit sur la nervosité et les spasmes en rapport avec les énergies des méridiens Foie, Vésicule Biliaire, Maître du Cœur et Triple Réchauffeur.

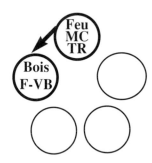

# Propriété principale

### Relaxante

L'huile essentielle de marjolaine équilibre les fonctions du système nerveux végétatif, aide à régulariser le rythme cardiaque, calme les coliques nerveuses ainsi que les spasmes et favorise le sommeil.

# Propriétés secondaires

### Antirhumatismale

Par friction sur les régions douloureuses à la suite de refroidissement, l'huile essentielle de marjolaine est susceptible d'apaiser la douleur et quelquefois de la faire disparaître.

### Sédatif de la toux

L'huile essentielle de marjolaine peut stopper les toux quinteuses de l'asthme ou de la coqueluche, surtout si vous stimulez en même temps les points énergétiques spécifiques mentionnés dans le chapitre suivant.

### Antiseptique

Ses composants riches en phénols rendent l'huile essentielle de marjolaine active contre les microbes, notamment contre le staphylocoque.

### Favorable au sommeil

L'huile essentielle de marjolaine apporte un sommeil réparateur.

# Mode d'emploi

### Insomnie / Angoisse

Frictionnez la nuque, la colonne vertébrale et le plexus solaire avec quelques gouttes d'huile essentielle de marjolaine.

Buvez un demi-verre d'eau tiède dans lequel vous aurez dilué une cuillerée de miel et une ou deux gouttes d'huile essentielle de marjolaine.

### Bain relaxant

Mettez six gouttes d'huile essentielle de marjolaine dans un demi-verre de lait, versez ce mélange sous le robinet pendant que l'eau de votre bain coule.

### Douleurs rhumatismales

Frictionnez les régions douloureuses avec un peu d'huile essentielle de marjolaine pure.

# Précautions

À faibles doses, l'huile essentielle de marjolaine agit comme régulateur et tranquillisant du système nerveux parasympathique mais, à fortes doses, elle devient stupéfiante et peut s'avérer épileptisante.

Menthe

# Menthe

*Mentha piperita*

L'huile essentielle de menthe est obtenue par la distillation des feuilles et des fleurs. Il existe de nombreuses espèces, celles-ci poussant spontanément sur une grande partie de la planète. Les variétés menthe mitcham ou menthe sylvestre sont celles qui conviennent le mieux en thérapie.

## Identité énergétique

**Éléments :**     Métal.
**Méridiens :**     Poumons, Estomac, Rate.
**Saveur :**     Piquant.
**Polarité :**     Yang.
**Action :**     L'huile essentielle de menthe tonifie l'énergie Yang des méridiens Poumons, Foie et Vésicule Biliaire, d'où son action contre les infections respiratoires, les troubles de la digestion et les céphalées d'origines digestive ou hépato-biliaire. Par son action étendue, l'essence de menthe stimule l'ensemble de l'organisme, y compris le tonus sexuel.

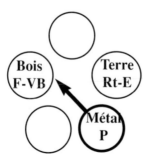

# Propriétés principales

## Tonique du système nerveux

L'huile essentielle de menthe stimule le système nerveux et est très appréciable dans le cas de crises de dépression.

## Digestive / Bactéricide

Les propriétés digestives et toniques de la menthe sont bien connues, mais seules les huiles essentielles de menthe d'excellente qualité apporteront les résultats bienfaisants que vous en attendez.

Cette huile essentielle est capable non seulement de favoriser la digestion, mais aussi d'assainir le tube digestif et intestinal et de vous stimuler. Elle saura également vous protéger contre la grippe, la bronchite et le mal de gorge si vous l'employez dès les premiers symptômes.

# Propriétés secondaires

## Antiparasitaire

L'huile essentielle de menthe assainit les intestins et chasse les parasites qui peuvent s'y trouver.

## Antilaiteux

L'huile essentielle de menthe arrête la montée de lait; il faudra donc éviter d'en prendre en période d'allaitement. Par contre, elle pourra être utile au moment du sevrage.

# Mode d'emploi

### Digestion difficile / Métabolisme affaibli / Fatigue

Mettez une goutte d'huile essentielle de menthe piperita sur la langue, après le repas.

### Mal de gorge / Début de grippe / Coup de froid / Sinusite / Lassitude

Mettez une goutte d'huile essentielle de menthe sur la langue. Frictionnez aussi votre cou et vos sinus avec quelques gouttes. Répétez l'opération trois fois dans la journée.

# Précautions

Évitez l'absorption d'huile essentielle de menthe le soir, car elle pourrait gêner le sommeil. Ne frictionnez pas tout votre corps avec de l'huile essentielle de menthe car elle produirait un refroidissement intempestif. La menthe est généralement déconseillée pendant la période où l'on se soigne à l'homéophatie et à l'oligothérapie. Comme toutes les autres huiles essentielles, il ne faut jamais en abuser.

*Rameau de niaouli*

# Niaouli

*Melaleuca viridiflora*

L'huile essentielle de niaouli est obtenue par la distillation des feuilles fraîches et des jeunes rameaux de l'arbre niaouli qui pousse principalement en Nouvelle-Calédonie.

## Identité énergétique

**Élément:** Métal.
**Méridiens:** Poumons, Gros Intestin, Reins, Vessie.
**Saveur:** Piquant.
**Polarité:** Yang, Yin.
**Action:** Par sa bipolarité Yang, Yin et son tropisme Métal, l'huile essentielle de niaouli agit aussi bien sur les affections Yin que Yang des méridiens Poumons et Gros Intestin, telles les sinusite, rhinite, otite... De plus, son action s'étend à la sphère urinaire par le cycle nourricier (la Mère qui nourrit son Fils).

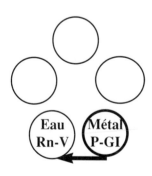

# Propriété principale

## Antiseptique pulmonaire

Les propriétés antiseptiques de l'huile essentielle de niaouli sont en grande partie sous la dépendance d'un de ses deux principaux constituants, l'eucalyptol et le terpinéol.

# Propriété secondaire

## Antiseptique intestinal et urinaire

Comme l'eucalyptus, le niaouli est surtout connu comme antiseptique des voies respiratoires, mais ses composants sont également efficaces au niveau des intestins, des reins et de la vessie.

# Mode d'emploi

## Infection des voies respiratoires

Mettez une goutte d'huile essentielle de niaouli sur la langue. Frictionnez-vous aussi le cou et la poitrine avec un peu de cette huile. Renouvelez l'opération toutes les trois heures.

### Dysenterie / Entérite / Amibiases / Cystite / Colibacillose / Urétrite

Mettez deux gouttes d'huile essentielle de niaouli à une cuillerée de miel et diluez ce mélange dans un demi-verre d'eau chaude. Consommez trois fois par jour.

Frictionnez votre ventre et le bas de votre dos avec de l'huile essentielle pure.

# Précautions

Comme il en est de toutes les autres huiles, utilisez l'huile essentielle de niaouli avec modération.

Oranger et orange

# Orange

*Citrus aurantium*

L'huile essentielle d'orange est obtenue par l'expression mécanique du zeste frais de l'orange. Son parfum délicat est autant apprécié en thérapeutique qu'en cuisine, pour certains desserts.

## Identité énergétique

**Élément:**    Feu.
**Méridiens:**    Maître du Cœur, Triple Réchauffeur, Cœur.
**Saveur:**    Acide.
**Polarité:**    Yin.
**Action:**    L'huile essentielle d'orange calme le système orthosympathique, régularise le couple Maître du Cœur-Triple Réchauffeur et renforce le méridien Cœur.

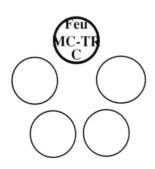

# Propriétés principales

### Antispasmodique

L'huile essentielle d'orange calme les spasmes, notamment les spasmes nerveux et les palpitations cardiaques.

### Relaxante

Cette huile apaise aussi les excitations nerveuses et favorise le sommeil.

# Propriétés secondaires

### Digestive

L'huile essentielle d'orange prise après un repas favorise la digestion.

### Tonicardiaque

Tout en calmant les spasmes et les palpitations cardiaques, l'essence d'orange équilibre le fonctionnement du cœur et en renforce le tonus musculaire.

# Mode d'emploi

### Nervosité / Spasmes / Palpitations

Prenez une goutte d'huile essentielle d'orange entre les repas, trois fois par jour, dans un demi-verre d'eau.

### Insomnie

Dans la soirée, buvez une infusion de tilleul dans laquelle vous aurez versé trois à cinq gouttes d'huile essentielle d'orange.

Mettez quelques gouttes de cette huile sur votre oreiller.

Vous obtiendrez des résultats encore plus appréciables si vous stimulez les points énergétiques proposés dans le chapitre suivant.

### Jeunesse de la peau

Pour conserver la jeunesse de votre peau, appliquez directement sur la peau une ouate de coton imbibée d'une goutte d'huile essentielle d'orange diluée dans un peu d'huile d'amande douce ou, mieux encore, de calendula.

# Précautions

L'huile essentielle d'orange est bien tolérée pour favoriser le sommeil, et ce, même chez les enfants.

Mais comme toute bonne chose, il est toujours conseillé de ne pas en abuser, car elle pourrait, dans ce cas, irriter l'estomac.

Origan

# Origan

*Origanum vulgare*

L'huile essentielle d'origan est obtenue par distillation des sommités fleuries de la plante. L'origan pousse dans toutes les régions méridionales, tout comme le thym et la marjolaine, avec lesquels il est souvent confondu.

## Identité énergétique

**Élément :**     Métal.
**Méridiens :**   Poumons, Gros Intestin.
**Saveur :**      Amer.
**Polarité :**    Yang.
**Action :**     L'huile essentielle d'origan est un antiseptique puissant très Yang, utile pour réchauffer le couple Poumons-Gros Intestin. Mais attention, étant très Yang, elle produit des réactions assez vives de rougeur et de chaleur qui disparaîtront rapidement, en laissant toutefois un souvenir cuisant!

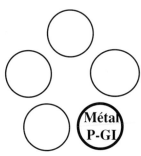

# Propriétés principales

## Antiseptique

Le taux élevé de phénols contenu dans l'huile essentielle d'origan apporte à celle-ci un pouvoir antiseptique puissant.

**Par voie externe,** cette huile essentielle permet la désinfection des plaies et de lésions diverses, boutons, acné, etc.

**Par voie interne,** elle est très efficace dans les cas de colibacilloses intestinales et dans les cas d'infections respiratoires, telles que toux, rhume, grippe, bronchite...

## Tonique

L'huile essentielle d'origan tonifie les défenses de l'organisme, c'est-à-dire le système immunitaire.

# Propriétés secondaires

## Sédatif de la toux / Antispasmodique

L'huile essentielle d'origan calme les toux quinteuses de la coqueluche, de l'emphysème et de l'asthme.

## Sudorifique / Diaphorétique

L'huile essentielle d'origan favorise la transpiration et l'expectoration des mucosités des voies respiratoires, après les avoir fluidifiées et aseptisées.

## Cicatrisante

L'huile essentielle d'origan aseptise les plaies tout en favorisant leur cicatrisation.

### Antirhumatismale

En friction, l'essence d'origan peut calmer certaines douleurs articulaires.

# Mode d'emploi

### Grippe / Rhume / Bronchite / Trachéite

Deux fois par jour, prenez une goutte d'huile essentielle d'origan diluée dans une cuillerée de miel que vous aurez fait dissoudre dans un verre d'eau chaude.

Frictionnez votre poitrine avec un mélange composé d'une cuillerée d'huile d'amande douce ou d'olive et de trois gouttes d'huile essentielle d'origan.

### Douleurs rhumatismales

Frictionnez la région affectée avec un mélange d'huile d'olive ou d'amande douce et de quelques gouttes d'huile essentielle d'origan.

# Précautions

L'huile essentielle d'origan est une des meilleures huiles antiseptiques, pour autant qu'elle soit d'excellente qualité.

Son application directe sur la peau peut provoquer une sensation de brûlure qui disparaîtra au bout de quelques minutes. C'est une huile essentielle qu'il convient donc d'utiliser avec précaution et à faibles doses.

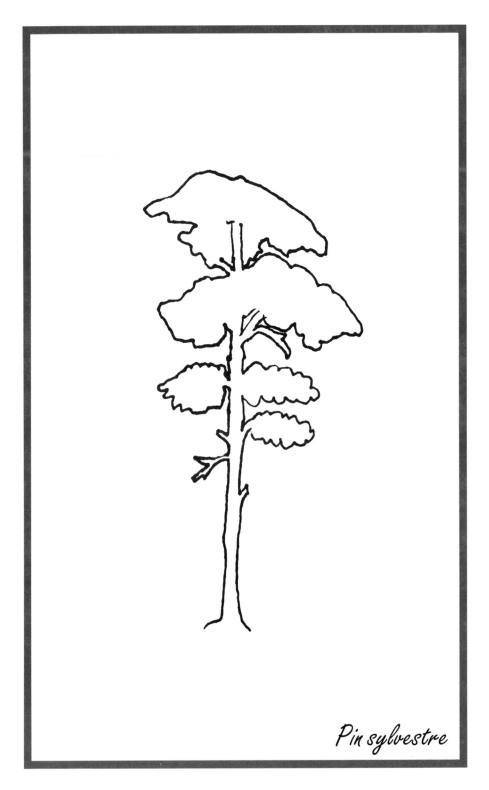

Pin sylvestre

# Pin

*Pinus sylvestris*

L'huile essentielle de pin à usage médicinal est obtenue par distillation des aiguilles, des bourgeons et du bois de cet arbre bien connu, le pin, avec une préférence pour le pin sylvestre.

## Identité énergétique

**Élément:** Métal.
**Méridiens:** Poumons, Reins.
**Saveur:** Amer, piquant.
**Polarité:** Yang.
**Action:** Comme l'eucalyptus, le niaouli, le cajeput et la myrrhe, l'huile essentielle de pin agit principalement sur la sphère respiratoire, mais elle étend aussi son action sur la sphère génito-urinaire par le cycle nourricier.

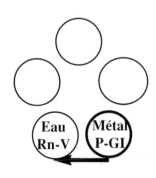

# Propriété principale

## Antiseptique des voies respiratoires

L'huile essentielle de pin est un excellent pectoral qui peut rapidement enrayer un début de rhume, de grippe et de bronchite ainsi que la plupart des infections pulmonaires, surtout si l'on prend soin de se traiter dès les premiers signes d'infection.

# Propriétés secondaires

## Lutte contre les infections urinaires

Au même titre que l'eucalyptus et le cèdre, l'huile essentielle de pin est avant tout un antiseptique spécifique aux voies respiratoires. Mais secondairement, ces trois huiles essentielles désinfectent également les reins et la vessie. Il faut cependant savoir que les huiles essentielles de genièvre et de santal sont plus spécifiques aux voies urinaires.

## Stimulant des corticosurrénales

L'huile essentielle de pin, tout en stimulant les glandes corticosurrénales, aide à mieux se défendre contre les infections microbiennes.

# Mode d'emploi

## Début de grippe / Bronchite

Mettez une goutte sur la langue toutes les trois heures. Frictionnez votre cou et votre poitrine avec quelques gouttes. Respirez quelques gouttes sur un mouchoir et mettez-en sur votre oreiller. Utilisez l'essence de pin par vaporisation dans l'atmosphère à l'aide d'un diffuseur: vous désinfecterez ainsi la pièce et éviterez la contagion.

### Infection urinaire / Cystite / Urétrite

Ajoutez deux à trois gouttes d'huile essentielle de pin à une cuillerée de miel que vous diluerez dans un demi-verre d'eau tiède. Consommez trois fois par jour. Frictionnez-vous aussi le bas-ventre et le bas du dos avec de l'huile essentielle de pin.

### Corticosurrénales affaiblies / Grippe

Respirez les effluves d'huile essentielle de pin diffusées dans l'atmosphère de la pièce, à l'aide d'un diffuseur.

En plus de stimuler le système de défense, le pin agrémente l'atmosphère de son parfum sain et agréable.

## Précautions

Méfiez-vous des huiles essentielles de pin qui sont falsifiées avec de la térébenthine; elles ne sauraient prétendre à l'efficacité thérapeutique que vous en attendez.

D'autre part, sachez qu'il existe plusieurs variétés de pin. L'huile essentielle de pin sylvestre agit surtout au niveau des poumons et des reins, tandis que celle de pin de Sibérie agit davantage sur les infections génitales et les pyorrhées alvéolo-dentaires.

*Branche de romarin*

# Romarin

*Rosmarinus officinalis*

L'huile essentielle de romarin est obtenue par la distillation des tiges et des fleurs de cet arbrisseau qui pousse principalement dans le bassin méditerranéen.

## Identité énergétique

**Élément:**    Bois.

**Méridiens:**    Foie, Vésicule Biliaire, Maître du Cœur, Triple Réchauffeur, Poumons.

**Saveur:**    Acide.

**Polarité:**    Yin, Yang.

**Action:**    Par sa bipolarité Yin, Yang, l'huile essentielle de romarin agit aussi bien sur le Yin que sur le Yang des méridiens Foie et Vésicule Biliaire et sur leur fils Maître du Cœur, Triple Réchauffeur, c'est-à-dire les systèmes orthosympathique et parasympathique. Par le cycle Ko, l'huile essentielle de romarin agit sur le méridien Poumons, ce qui favorise la peau et les cheveux.

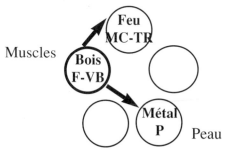

# Propriétés principales

## Tonique / Revitalisante / Cholagogue (action favorable sur la vésicule biliaire et le foie)

L'huile essentielle de romarin a une action stimulante sur le foie et la vésicule biliaire paresseux; elle régularise leurs fonctions et aide à éviter les calculs biliaires.

Elle peut dans certains cas supprimer la constipation; la bile favorisant le transit intestinal.

# Propriétés secondaires

## Antirhumatismale / Antiarthritique

Par son action sur le système hépato-biliaire et sur l'excrétion urinaire, l'huile essentielle de romarin, prise en usage interne, aide le corps à se débarrasser des toxines génératrices de rhumatismes et d'arthrite.

## Aphrodisiaque

L'huile essentielle de romarin stimule le système glandulaire.

## Stimulant de la tension artérielle

L'huile essentielle de romarin stimule les corticosurrénales, le muscle cardiaque et les muscles des parois artérielles. Par ce fait, elle fait légèrement monter la tension chez les personnes hypotendues.

## Action favorable sur la peau et le cuir chevelu

En usage externe et mélangée à d'autres huiles essentielles, telles les essences de bois de rose et de lavande, l'huile essentielle de romarin renforce la tonicité de la peau, tout en l'assainissant, et retarde la formation des rides.

# Mode d'emploi

### Foie et vésicule biliaire paresseux / Manque de tonus / Hypotension

Prenez une goutte d'huile essentielle de romarin dans un demi-verre d'eau chaude, trois fois par jour. Frictionnez-vous la région du foie et de la vésicule biliaire, le matin de préférence.

### Manque de tonus / Peau fatiguée

Diluez six gouttes d'huile essentielle de romarin dans un demi-verre de lait; versez sous le robinet pendant que l'eau de votre bain coule afin de favoriser un mélange homogène. Ce bain était le préféré de la toujours jeune reine Elisabeth de Hongrie qui, à l'âge de soixante-douze ans, fut demandée en mariage par le roi de Pologne.

### Douleurs articulaires ou musculaires

Frictionnez la région affectée avec quelques gouttes d'huile essentielle de romarin.

### Soins de la peau

Passez sur votre peau un mélange d'huile d'amande douce et de germe de blé avec quelques gouttes d'huile essentielle de romarin. (Trois gouttes pour une cuillerée du mélange.)

### Soins des cheveux

Faites-vous un masque avec un jaune d'œuf, une cuillerée d'huile de germe de blé plus une d'olive, le jus d'un demi-citron, trois gouttes d'huile essentielle de romarin et trois de lavande. Laissez agir ce masque appliqué sur tout le cuir chevelu durant au moins quinze minutes. Placez une serviette chaude sur votre tête pendant ce temps. Utilisez le reste du mélange comme shampoing. Finissez le rinçage avec de l'eau, douce si possible, dans laquelle vous aurez ajouté un peu de jus de citron. Ce masque vous donnera des cheveux fins, soyeux et revitalisés.

# Précautions

À doses raisonnables, l'huile essentielle de romarin est merveilleuse, mais à fortes doses, elle peut provoquer des spasmes et des convulsions; il convient donc d'en user modérément.

# Rose

*Rosa centifolia*

Le parfum émanant de l'huile essentielle de rose est des plus subtils, il va droit au cœur, aussi lui sera-t-il favorable.

Il existe une grande variété de roses. Il y a la rose sauvage, l'églantier, aussi appelé rosier de chien, "rosa canina", dont le fruit, le cynorrhodon, est très riche en vitamine C et fortifie le cœur. Il y a aussi la rose de mai "rosa gallica" qui dégage un parfum apaisant pour les nerfs, le cœur et la gorge.

L'huile essentielle de rose atteint des prix tellement élevés que l'on commercialise davantage l'huile essentielle de bois de rose qui provient de la distillation du bois de rosier.

Pour en connaître davantage sur l'huile essentielle de bois de rose, référez-vous à la section *Bois de rose* du présent chapitre.

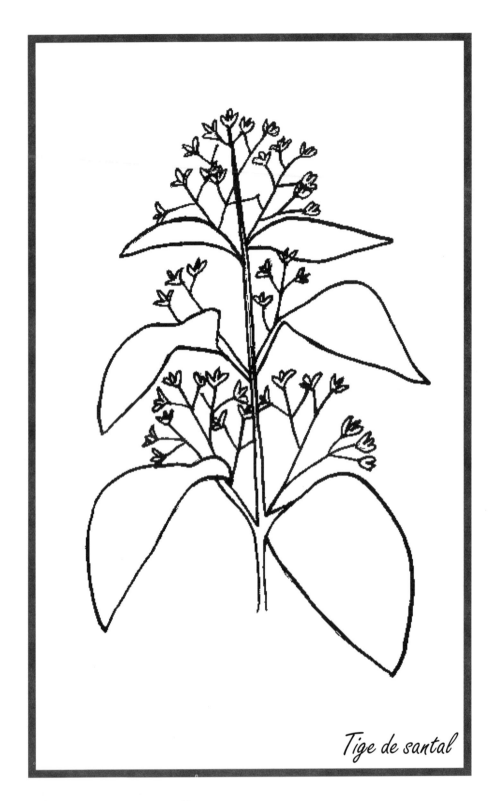

Tige de santal

# Santal

*Santalum album*

L'huile essentielle de santal est obtenue par distillation du bois de santal, un arbre qui pousse spontanément dans les îles chaudes de l'océan Indien et dont la meilleure qualité provient de l'état de Mysore ou Karnataka.

## Identité énergétique

**Élément:** Eau.
**Méridiens:** Reins, Vessie, Gros Intestin.
**Saveur:** Doux, piquant.
**Polarité:** Yin, Yang.
**Action:** La saveur ambiguë et la bipolarité de l'huile essentielle de santal lui permettent d'agir sur les infections urinaires et intestinales.

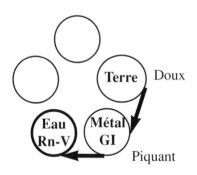

# Propriété principale

## Antiseptique des voies génito-urinaires

L'huile essentielle de santal peut être considérée comme l'huile de premier choix pour le traitement des écoulements et inflammations de la vessie et de l'urètre. Son action est remarquable contre la cystite, l'urétrite et la prostatite. Il semblerait même qu'elle soit efficace dans les cas de blennorragie.

# Propriétés secondaires

## Aphrodisiaque

L'odeur particulière de l'huile essentielle de bois de santal peut stimuler les désirs génésiques.

## Anticolibacillaire

L'huile essentielle de bois de santal à également des propriétés antiseptiques au niveau des intestins, pouvant en assainir la flore et même supprimer une diarrhée.

N'oublions pas que les cystites, ou autres infections et écoulements génito-urinaires, proviennent souvent de troubles intestinaux comme la colibacillose.

# Mode d'emploi

### Cystite / Prostatite / Métrite / Urétrite

Prenez une goutte d'huile essentielle de santal sur la langue toutes les trois heures, pendant trois jours. Frictionnez-vous le bas-ventre et le bas du dos avec quelques gouttes d'huile essentielle de santal.

Faites-vous un bain de siège dans lequel vous aurez versé quelques gouttes d'huile essentielle de santal. Vous pouvez également faire des lavements vaginaux avec de l'eau bouillie dans laquelle vous aurez versé quelques gouttes d'huile essentielle de santal.

# Précautions

L'huile essentielle de santal n'étant pas irritante, elle est très bien tolérée. Cependant, il faut savoir que les meilleurs effets thérapeutiques seront obtenus avec le véritable santal de Mysore qui est une essence dont le prix est élevé, tandis que l'huile essentielle de santal en provenance d'Australie, offerte à un prix moins élevé, ne peut prétendre aux mêmes effets thérapeutiques, celle-ci étant davantage indiquée pour la parfumerie.

Sarriette

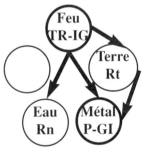

# Sarriette

*Satureia montana*

L'huile essentielle de sarriette est obtenue par la distillation de la plante qui pousse principalement dans les lieux secs et rocailleux du littoral méditerranéen.

## Identité énergétique

**Éléments :** Feu, Métal.

**Méridiens :** Triple Réchauffeur, Intestin Grêle, Rate, Poumons, Gros Intestin, Reins.

**Saveur :** Amer, piquant.

**Polarité :** Yang, Yang.

**Action :** L'huile essentielle de sarriette est très Yang, d'où son action à la fois sur l'élément Feu, l'énergie Rate (cycle nourricier de la Mère qui nourrit son Fils) et sur l'élément Métal (Poumons, Gros Intestin). Mais attention (le Feu fond le Métal), la sarriette est révulsive et provoque des rougeurs cuisantes sur la peau, c'est pourquoi il est préférable de la diluer dans de l'huile d'amande douce ou avec de l'huile essentielle de romarin ou de lavande. Cette huile a également une action sur le méridien Reins, plus particulièrement sur les surrénales (cycle Ko du mépris : l'élément Eau insuffisant ne pouvant pas éteindre le Feu sera réchauffé, ce qui dynamisera le Yang des Reins et enclenchera une réaction bienfaisante -la punition fait prendre conscience de la nécessité de réagir).

# Propriétés principales

## Antiseptique puissant / Microbicide / Tonifiant / Stimulant des corticosurrénales

L'auteur raconte: *"Personnellement, je ne pars jamais en voyage sans mon huile essentielle de sarriette qui réunit à elle seule des propriétés remarquables. Elle permet de lutter contre un début de coup de froid, une diarrhée, des fermentations intestinales, tout en stimulant l'état général."*

# Propriétés secondaires

## Aphrodisiaque

L'huile essentielle de sarriette stimule les corticosurrénales et les glandes sexuelles. C'est pourquoi, pendant de nombreuses années, la culture de la sarriette était interdite dans l'enceinte des couvents.

## Fongicide

L'huile essentielle de sarriette lutte contre la prolifération des champignons et des levures parasites.

## Antiputride

L'huile essentielle de sarriette assainit très rapidement le milieu digestif et, par là-même, s'oppose aux fermentations et putréfactions intestinales génératrices de flatulences et de ballonnements.

# Mode d'emploi

### Mal de gorge
Mettez une goutte d'huile essentielle sur la langue toutes les trois heures. Frictionnez-vous le cou. Vous ressentirez peut-être une sensation cuisante, mais le traitement s'avérera très efficace.

### Diarrhée
Prenez une goutte d'huile essentielle mélangée à une cuillerée de miel et diluée dans un demi-verre d'eau tiède, trois fois dans la journée. Frictionnez-vous le ventre avec de l'huile essentielle pure ou diluée avec un peu d'huile d'olive ou d'amande douce.

### Manque de tonus
Ajoutez une goutte d'huile essentielle de sarriette à un peu de miel que vous diluerez dans un demi-verre d'eau tiède. Frictionnez le bas de votre dos avec une petite quantité d'huile essentielle de sarriette pure.

# Précautions

L'huile essentielle de sarriette est très puissante; elle peut provoquer des sensations de brûlure qui disparaissent au bout de quelques minutes; il est donc conseillé de l'utiliser en très petites quantités.

D'autre part, il faut savoir qu'il existe plusieurs variétés de sarriettes telles la *satureia montana* qui agit principalement sur le tube digestif et la *satureia hortensis* qui est revitalisante, bactéricide et aphrodisiaque.

*Tige de sassafras*

# Sassafras

*Sassafras officinalis*

L'huile essentielle de sassafras est obtenue par la distillation des feuilles, des petites racines et de l'écorce de l'arbre, qui pousse en Amérique du Nord, au Canada et surtout en Floride et au Mexique.

Le sassafras, aussi appelé le laurier des Iroquois, est un arbre en forme de pin, haut de huit à quinze mètres, qui appartient à la famille des lauracées.

## Identité énergétique

**Élément:** Métal.
**Méridiens:** Poumons, Reins, Vessie.
**Saveur:** Âcre.
**Polarité:** Yin.
**Action:** La saveur âcre froide de l'huile essentielle de sassafras calme le feu du méridien Poumons, le rendant très utile pour calmer l'envie de fumer et pour soigner l'acné. Elle calme également le méridien Reins dans les cas de lithiase urique.

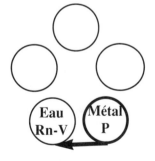

# Propriétés principales

## Diurétique / Dépurative

L'huile essentielle de sassafras augmente la diurèse et favorise l'élimination des poisons alcaloïdes; elle peut être utilisée efficacement contre la rétention d'eau dans les tissus et notamment dans les cas de cellulite.

# Propriétés secondaires

## Sudorifique

L'huile essentielle de sassafras stimule les glandes sudoripares, ce qui permet de mieux éliminer les poisons du corps.

## Antirhumatismale

Les douleurs rhumatismales résultent la plupart du temps d'une augmentation de l'acide urique et d'autres poisons dans le sang. On comprend donc l'intérêt d'éliminer les déchets générateurs d'arthrose et d'arthrite. Par ses propriétés diurétique et dépurative, l'huile essentielle de sassafras peut être considérée comme ayant une action antirhumatismale évidente dans les cas de goutte, de sciatique et d'autres douleurs articulaires d'origine toxinique.

## Antidote des poisons alcaloïdes

L'huile essentielle de sassafras appliquée par friction peut venir en aide aux victimes de piqûres d'insectes ou de serpents.

## Antitabac

Par son action antitoxique, l'huile essentielle de sassafras est une aide précieuse lors d'abstinence tabagique.

### Favorable à la peau

L'huile essentielle de sassafras désinfecte la peau acnéique et séborrhéique, qu'elle assainit, lisse et adoucit.

# Mode d'emploi

### Douleurs rhumatismales

Frictionnez la région douloureuse avec quelques gouttes d'huile essentielle de sassafras. Prenez une goutte d'huile essentielle de sassafras dans un demi-verre d'eau tiède, trois fois par jour.

### Rétention d'eau

Prenez une goutte d'huile essentielle de sassafras toutes les deux heures. Frictionnez les régions atteintes avec quelques gouttes de cette huile.

### Cure antitabac

La prise d'une goutte d'huile essentielle de sassafras toutes les trois heures, associée avec la stimulation des points énergétiques peut vous aider à arrêter de fumer. (Pour de plus amples renseignements à ce sujet, consulter le livre *Sans Tabac, Sans Regrets*, du présent auteur.)

### Piqûres d'insectes

Appliquez sur la piqûre un coton imbibé d'huile essentielle de sassafras et laissez-le en place durant au moins une demi-heure. Changez le pansement régulièrement.

# *Précautions*

L'huile essentielle de sassafras est diurétique, il est donc préférable d'éviter d'en prendre le soir, si vous ne tenez pas à être éveillé durant la nuit par un besoin impérieux d'uriner.

La femme enceinte doit éviter de consommer cette huile, car elle excite l'utérus et pourrait provoquer un avortement.

Sauge

# Sauge

*Salvia officinalis / Salvia sclarea*

L'huile essentielle de sauge est obtenue par la distillation des sommités fleuries de la sauge officinale.

## Identité énergétique

**Élément:** Terre.
**Méridiens:** Rate, Foie, Reins, Cœur, Poumons.
**Saveur:** Doux, amer.
**Polarité:** Yang.
**Action:** L'huile essentielle de sauge renforce le Yang des méridiens Yin, d'où son grand intérêt pour la femme au niveau gynécologique, notamment les troubles menstruels, les bouffées de chaleur et l'hyperémotivité.

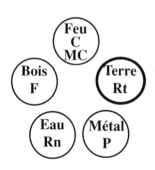

# Propriétés principales

### Antisudorale

L'huile essentielle de sauge peut donner des résultats remarquables dans les cas de transpiration excessive et de sueurs nocturnes.

### Activeur des fonctions circulatoires

L'essence de sauge agit favorablement sur l'ensemble des fonctions circulatoires, tout particulièrement au niveau des menstruations. C'est également un dépuratif sanguin qui favorise l'élimination toxinique.

# Propriétés secondaires

### Tonique

Pour la plupart des individus, l'huile essentielle de sauge stimule les fonctions digestives, respiratoires et circulatoires.

### Régulatrice du cycle menstruel

L'huile essentielle de sauge peut normaliser les menstruations, dans les cas de dysménorrhée et d'aménorrhée. En l'associant avec la stimulation des points énergétiques, elle peut aider à déclencher des règles qui étaient absentes depuis plusieurs mois. Référez-vous au chapitre suivant pour la stimulation de ces points.

### Antitussive

L'huile essentielle de sauge peut dans certains cas stopper la toux grasse chez les sujets bronchitiques.

### Hypotensive

L'huile essentielle de sauge diminue la tension artérielle. C'est pourquoi son effet, souvent apprécié chez les uns, peut être quasiment nul chez les autres. Autrement dit, il ne sert à rien d'utiliser cette huile si elle n'apporte pas rapidement les résultats souhaités ou si elle ne nous attire pas.

## Mode d'emploi

### Transpiration excessive / Sueurs nocturnes

Mettez une goutte d'huile essentielle de sauge sur la langue, deux à trois fois par jour. Frictionnez-vous les pieds avec cette huile.

### Cycle menstruel déréglé

Ajoutez une goutte d'huile essentielle de sauge à une cuillerée de miel diluée dans un demi-verre d'eau tiède, hors des repas. Consommez deux fois par jour. Massez-vous le bas du ventre avec de l'huile essentielle de sauge pure.

### Chute des cheveux / Calvitie

Pour favoriser la repousse des cheveux et en ralentir la tombée, frictionnez votre cuir chevelu avec quelques gouttes d'huile essentielle de sauge, une à deux fois par semaine.

# *Précautions*

L'huile essentielle de sauge est très utilisée; il faut cependant se rappeler qu'elle ne convient pas aux personnes hypotendues. Les personnes dont le rythme cardiaque est ralenti doivent également éviter d'en prendre. Il existe plusieurs variétés de sauge. La sauge officinale agit davantage au niveau du sang et des règles, tandis que la sauge sclarée calme les transpirations excessives et est utilisée pour les soins des cheveux. À fortes doses, la sauge est toxique et peut faire avorter, elle est donc déconseillée chez les femmes enceintes. Elle est également déconseillée chez la femme qui désire sevrer, car elle peut stopper la lactation.

Thym

# Thym

*Thymus vulgaris*

L'huile essentielle de thym est obtenue par la distillation des sommités fleuries du thym qui pousse abondamment dans tout le bassin méditerranéen. C'est le thym qui parfume les garrigues du sud de la France et de la Corse.

## Identité énergétique

*Élément:* Feu.
*Méridiens:* Poumons, Gros Intestin, Rate, Estomac, Reins.
*Saveur:* Amer.
*Polarité:* Yang.
*Action:* L'huile essentielle de thym restitue le Yang du Soleil, dont la plante s'est gorgée, principalement aux méridiens Poumons et Gros Intestin par le cycle Ko, et au méridien Rate, par le cycle nourricier. Elle stimule également les reins et les surrénales par la loi du mépris du cycle Ko. C'est pourquoi elle fortifie et stimule le système immunitaire. De plus, elle active le système orthosympathique et calme le système parasympathique, étant donc très utile aux personnes hypotendues et introverties et déconseillée aux individus hypertendus, extériorisés et hyperthyroïdiens.

# *Propriétés principales*

### *Antiseptique intestinal, pulmonaire et génito-urinaire*

L'huile essentielle de thym, au même titre que les huiles d'origan, de sarriette, de cannelle et de genièvre, fait partie des huiles antiseptiques puissantes. Elle est très connue et très utilisée. Son principal composant, le thymol, anéantit de nombreux microbes et bactéries.

Elle est, entre autres, très efficace contre les affections des voies respiratoires résultant d'un coup de froid, à condition de l'utiliser dès les premiers symptômes.

### *Antidouleur*

Il suffit quelquefois de frotter la région où il y a une douleur rhumatismale avec une excellente huile essentielle de thym pour voir disparaître la douleur presque instantanément.

# *Propriétés secondaires*

### *Stimulante*

L'huile essentielle de thym stimule l'organisme et le renforce contre les infections microbiennes. Elle est recommandée chez les personnes anémiques, lymphatiques ou fatiguées.

### *Antiputride*

L'huile essentielle de thym s'oppose aux fermentations intestinales génératrices de gaz putrides.

# Mode d'emploi

### Coup de froid / Mal de gorge / Début de grippe

Ajoutez une goutte d'huile essentielle de thym à une cuillerée de miel diluée dans un demi-verre d'eau chaude, puis prenez trois fois par jour. Frictionnez-vous la gorge et la poitrine avec un mélange de trois gouttes d'huile essentielle de thym et d'une cuillerée d'huile d'olive, d'amande douce ou autre. Vous pouvez également vous frictionner avec de l'huile essentielle de thym pure; il vous faudra alors supporter une sensation de brûlure qui disparaîtra au bout de quelques minutes, mais cette méthode est nettement plus efficace.

### Diarrhée

Toutes les deux heures, prenez une goutte d'huile essentielle de thym mêlée à une cuillerée de miel diluée dans un demi-verre d'eau tiède. Frictionnez-vous le ventre avec l'huile essentielle de thym, deux fois par jour.

### Douleurs musculaires ou articulaires

La friction directe d'huile essentielle de thym peut faire disparaître la douleur.

# *Précautions*

L'huile essentielle de thym fait partie des huiles fortes, il convient donc d'en user modérément et de savoir qu'elle produit une sensation de brûlure si elle est appliquée directement sur la peau, sensation qui, du reste, disparaît rapidement. Il faut savoir également qu'il existe sur le marché des essences de thym frelatées avec de l'essence de térébenthine, ce qui les rend beaucoup moins actives et plus désagréables. Il est donc nécessaire d'utiliser une huile essentielle de thym pure, de qualité supérieure. De plus, il existe plusieurs variétés, comme le thym rouge, qui est plus bactéricide, et le thym noir, qui est plus antirhumatismal. Le thym le plus courant doit sa spécificité à sa concentration en thymol qui lui confère des qualités anti-infectieuses et immunostimulantes très utiles en cas chroniques. Il existe également un thym moins agressif, convenant mieux aux enfants, qui est appelé thym à linalol. Ce dernier est moins courant, car il pousse surtout sur les coteaux en moyenne montagne rendant sa cueillette plus laborieuse.

*Verveine des Indes*

# Verveine des Indes

*Cymbopogon citratus*

L'huile essentielle de verveine des Indes (appelée également lemon-grass et herbe au citron) provient de la distillation de la plante: une grande herbe vivace, qui pousse principalement en Amérique Centrale, aux Indes et dans les régions tropicales.

## Identité énergétique

**Élément:** Terre.

**Méridiens:** Rate, Estomac, Foie, Vésicule Biliaire, Vessie, Reins, Maître du Cœur, Triple Réchauffeur.

**Saveur:** Acide.

**Polarité:** Yin.

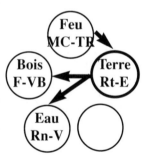

**Action:** L'huile essentielle de verveine des Indes, à la saveur délicatement citronnée, calme le système orthosympathique par les méridiens Maître du Cœur et Triple Réchauffeur ainsi que Foie et Vésicule Biliaire. Elle favorise aussi la digestion par les méridiens Rate et Estomac.

# Propriétés principales

### Relaxante

L'huile essentielle de verveine des Indes aide à rééquilibrer le système neuro-végétatif tout en stimulant les fonctions digestives.

### Antiseptique

La teneur élevée en citral de l'huile essentielle de verveine des Indes lui permet d'agir efficacement sur de nombreux microbes et bactéries.

# Propriétés secondaires

### Digestive

Cette huile essentielle stimule le système digestif paresseux.

### Susceptible de dissoudre les calculs rénaux

Il semble que l'huile essentielle de verveine des Indes soit capable d'arrêter le développement de certaines tumeurs.

### Agit contre la sinusite

Associée avec de l'huile essentielle de camomille ou de lavande, l'essence de verveine des Indes peut être efficace contre la sinusite. Frictionnez les méridiens Estomac, Vésicule Biliaire et Vessie, au niveau de la tête et du visage, avec quelques gouttes de cette huile essentielle.

# Mode d'emploi

## Sinusite / Début de rhume

Frictionnez-vous les sinus et le cou avec quelques gouttes d'huile essentielle de verveine des Indes ou, mieux encore, en l'associant avec de l'huile essentielle de camomille ou de lavande. Ajoutez une goutte d'huile essentielle de verveine des Indes à une cuillerée de miel diluée dans un demi-verre d'eau tiède; buvez une à trois fois par jour, au besoin.

Frictionnez les méridiens Estomac, Vésicule Biliaire et Vessie, au niveau de la tête et du visage, et les points 36E et 6Rt avec cette huile.

## Fatigue / Stress / Tension

Frictionnez-vous le plexus solaire avec quelques gouttes de cette huile. Absorbez une goutte d'huile essentielle de verveine des Indes mêlée à une cuillerée de miel diluée dans un demi-verre d'eau tiède, une à trois fois par jour, au besoin. Frictionnez aussi les points 36E et 6Rt avec cette huile. Vous pouvez également parfumer l'atmosphère à l'aide d'un diffuseur d'huile essentielle.

# Précautions

Un usage modéré vous apportera une plus grande satisfaction.

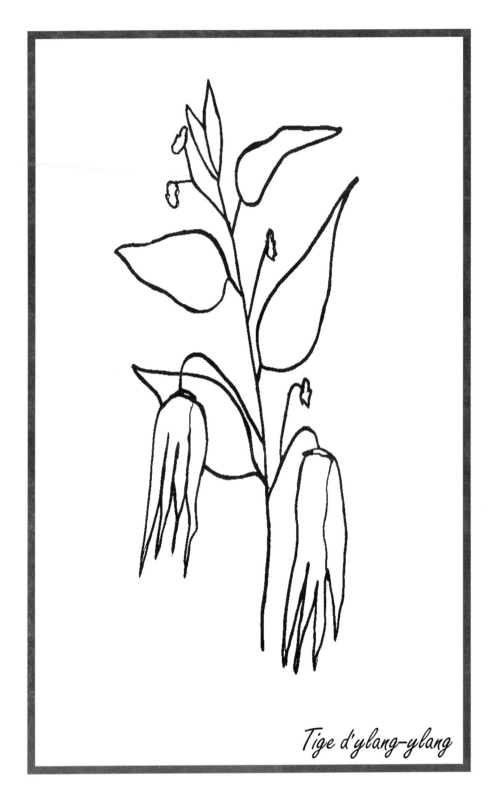

*Tige d'ylang-ylang*

# Ylang-ylang

## Cananga odorata

L'huile essentielle d'ylang-ylang est obtenue par la distillation des fleurs de l'ylang-ylang. Cet arbre pousse principalement dans les îles des Commores, de Madagascar, de la Réunion et des Philippines.

## Identité énergétique

**Élément:** Terre.

**Méridiens:** Reins, Vessie, Maître du Cœur, Triple Réchauffeur, Cœur, Intestin Grêle, Rate.

**Saveur:** Doux.

**Polarité:** Yin.

**Action:** La saveur douce et froide de l'huile essentielle d'ylang-ylang disperse le Yang des énergies Rate et Reins (cycle Ko), principalement au niveau des surrénales. Cette huile calme également les méridiens Maître du Cœur, Triple Réchauffeur, Cœur et Intestin Grêle en diminuant la tension artérielle et le rythme cardiaque. Elle freine le système orthosympathique et l'excès de Feu. C'est donc une huile essentielle régulatrice pour les personnes extériorisées, mais déconseillée aux individus introvertis au rythme cardiaque lent.

# Propriétés principales

### Régulatrice / Hypotensive / Antiseptique

L'huile essentielle d'ylang-ylang est un bon antiseptique pulmonaire et urinaire. Elle est également très connue pour son action aphrodisiaque qui permet de lutter contre la frigidité et l'impuissance mais, comme l'huile essentielle de sauge, il semblerait qu'elle soit plus efficace pour certains sujets que pour d'autres. Tout cela n'est qu'une question de réceptivité et de tropisme. Parce qu'elle est hypotensive, l'essence d'ylang-ylang n'est pas conseillée aux personnes hypotendues.

# Propriétés secondaires

### Aphrodisiaque

Par son parfum particulier, l'huile essentielle d'ylang-ylang peut régulariser les glandes sexuelles de certains sujets trop excités.

### Régulatrice du cœur

L'huile essentielle d'ylang-ylang diminue la tension artérielle et ralentit le rythme cardiaque exagéré.

### Hypotensive

L'huile essentielle d'ylang-ylang n'est pas conseillée aux personnes hypotendues puisqu'elle fait baisser la tension artérielle. Elle est par contre conseillée aux personnes dont la tension artérielle est élevée.

# Mode d'emploi

### Hypertension /
### Tachycardie (rythme cardiaque exagéré)
Mettez une goutte d'huile essentielle d'ylang-ylang directement sur votre langue, deux à trois fois par jour.

### Bain aphrodisiaque calmant
Diluez six gouttes d'huile essentielle d'ylang-ylang dans un demi-verre de lait, puis versez ce mélange sous le robinet pendant que coule l'eau de votre bain.

# Précautions

À cause de ses propriétés hypotensives, l'ylang-ylang est déconseillée aux sujets dont l'énergie cardiaque est insuffisante et, par ce fait même, aux individus hypotendus.

# Synergies et énergie

En associant les unes avec les autres des huiles essentielles qui ont des affinités, vous obtiendrez un produit unique dont l'action sera amplifiée.

Par exemple, les phénols contenus en grande quantité dans l'huile essentielle d'origan, ainsi que le pinène, le terpinéol et le bornéol, font de cette essence un excellent agent antiseptique et antibiotique naturel. Cependant, lorsque ces composants sont associés avec les phénols, les cymènes, le cynéol et autres éléments de l'huile essentielle de sarriette; avec les phénols, le bornéol, le linalol et le menthone de l'essence de thym; et, enfin, avec le géraniol et le citronellol de l'huile essentielle de géranium, il en résulte un produit appelé *Synergie* qui cumule les effets.

Tous les effets combinés offrent l'avantage d'un produit qui peut avoir une action antiseptique plus étendue et dont l'action synergique compose une nouvelle huile essentielle encore plus active.

Pour obtenir des mélanges optimum, il est essentiel de connaître l'affinité élective des huiles essentielles. C'est pourquoi il existe des mélanges tout préparés appelés *Synergies*.

# Synergie-1: RHU

Il s'agit là d'un mélange judicieux d'huiles essentielles ayant des propriétés **antirhumatismales**. Sa composition inclut les essences de genièvre, de lavande spica (dite "aspic", une variété de lavande sauvage), de romarin, de marjolaine, de camomille et de thym à linalol.

## *Par voie externe*
Ce mélange sera utilisé en friction sur les zones douloureuses, pur ou dilué avec de l'huile d'amande douce ou d'olive.

## *Par voie interne*
Absorbez une à deux gouttes par jour mélangées dans un peu de miel dilué dans un demi-verre d'eau tiède et additionné d'un peu de jus de citron.

# Synergie-2: DIG

Il s'agit d'un mélange spécifique d'huiles essentielles de coriandre, de carvi, de menthe et de sarriette qui active la **digestion**, supprime les fermentations et putréfactions, évitant ainsi les ballonnements, l'aérophagie et les dyspepsies.

## *Par voie externe*
Frictionnez-vous l'abdomen avec ce mélange.

*ie interne*

ien digérer, il suffit de mettre une goutte de ce
lange sur la langue, après chaque repas.

# Synergie-3:STI

Il s'agit d'un mélange judicieux d'huiles essentielles
**stimulantes**, tonifiantes et dynamisantes: cannelle,
coriandre, sarriette, origan, thym, romarin.

### Par voie externe
Frictionnez-vous la région lombaire (le bas du dos), de
préférence le matin.

### Par voie interne
Mettez une goutte directement sur votre langue. Dans le cas
où vous ne supporteriez pas l'effet de chaleur que produit
cette huile essentielle tonique, vous pouvez diluer dans une
cuillerée de miel dissout dans un verre d'eau tiède.

# Synergie-4:CIR

Un complexe d'huiles essentielles aux propriétés
veinotropes, c'est-à-dire qui favorisent la **circulation**
veineuse, aide à faire disparaître la cellulite et calme
instantanément les douleurs hémorroïdaires. Ce mélange se
compose essentiellement d'huiles essentielles de cyprès, de
citron, de menthe et de lavande.

## Par voie externe

Frictionnez-vous les membres inférieurs sans
pieds, plus particulièrement la plante des ｜
pouvez également vous faire des bains de pieds
de siège additionnés de quelques gouttes de cette synergie.
Dans le cas d'hémorroïdes, ce mélange peut être appliqué en
très petites quantités, directement sur celles-ci.

## Par voie interne

Prenez une goutte diluée dans un demi-verre d'eau, une fois
par jour, hors les repas.

# Synergie-5:APH

Ce complexe d'huiles essentielles de cannelle, de coriandre,
de sarriette, de girofle, de géranium et de menthe aide à
stimuler le fonctionnement des glandes sexuelles. Il redonne
vitalité et tonus, tous deux favorables à l'épanouissement
**sexuel.**

## Par voie externe

Frictionnez-vous la colonne vertébrale, la plante des pieds,
le bas du dos et le bas-ventre, chaque matin de préférence,
avec quelques gouttes.

## Par voie interne

Mettez une goutte sur votre langue après chaque repas ou
prenez un demi-verre d'eau tiède dans lequel vous aurez
dilué une cuillerée de miel additionnée d'une goutte de cette
synergie. Ce mélange favorise également la digestion.

# Synergie-6:REL

Ce complexe d'huiles essentielles de lavande, de marjolaine, d'orange et de verveine des Indes favorise la **relaxation**, calme les nerfs et permet un meilleur sommeil.

## Par voie externe

Frictionnez-vous le plexus solaire, dans le sens des aiguilles d'une montre, la plante des pieds et le dos avec cette synergie, le soir de préférence.

## Bain relaxant

Pendant que l'eau de votre bain coule, versez quelques gouttes de *Synergie-6:REL* mélangées à un demi-verre de lait, un peu de shampoing ou un jaune d'œuf. Ce bain relaxant est très apprécié le soir après une journée éprouvante.

## Par voie interne

Mettez une goutte sur la langue une à deux fois, au cours de la journée.

# Synergie-7:RES

Ce complexe d'huiles **respiratoires** à base d'eucalyptus, de pin, de cèdre, de niaouli, de citron, de menthe, de cajeput et de thym permet de lutter contre les grippes, bronchites, sinusites, trachéites, surtout s'il est utilisé dès l'apparition des premiers symptômes.

## Par voie externe

Frictionnez-vous le cou, la poitrine, le somme
nuque plusieurs fois par jour, aussitôt après un
ou l'apparition d'un mal de gorge, un début d
rhume ou de sinusite.

## Par voie interne

Mettez une goutte directement sur votre langue une fois toutes les trois heures, dès l'apparition des premiers symptômes d'un coup de froid.

L'action sera plus efficace si vous stimulez en plus vos points énergétiques (voir le chapitre à ce sujet).

## *Synergie-8 : ANT*

Ce complexe d'huiles essentielles d'origan, de girofle, de thym, de romarin, de lavande, de citron et de géranium permet la désinfection des plaies, des boutons, de l'acné et des furoncles. C'est un puissant **antiseptique** et un bactéricide, qui tue la plupart des microbes beaucoup mieux que l'alcool, l'éther ou tout autre antiseptique. De plus, il favorise la cicatrisation.

## Par voie externe

Appliquez directement sur la région à traiter une ouate de coton imbibée de quelques gouttes de ce mélange; laissez celle-ci en place durant au moins une demi-heure.

cas de mal de gorge, gargarisez-vous avec un verre d'eau chaude dans lequel vous aurez versé trois à quatre gouttes de ce complexe.

## Synergie-9: CAN

Voici un complexe qui saura lutter contre le **candida albicans**. Il se compose d'huiles essentielles de girofle, de cannelle, de thym, de genièvre, de citron et de sarriette.

### Par voie externe

Frictionnez-vous le bas-ventre et le bas du dos avec quelques gouttes de ce mélange tous les jours. Évitez tout contact avec les muqueuses car cette synergie produit une sensation de brûlure.

### Par voie interne

Versez une goutte de ce complexe dans une petite cuillerée de miel diluée dans un demi-verre d'eau chaude; buvez trois fois par jour, entre les repas.

# Synergie-10: DIU

Ce complexe à base d'huiles essentielles de sassafras, de basilic, de genièvre, de citron et de cèdre augmente la diurèse chez les personnes qui font de la rétention d'eau et qui urinent trop peu. De plus, ce mélange désinfecte les voies urinaires et aide à éliminer la cellulite.

## Par voie externe

Frictionnez-vous le bas du ventre et du dos avec quelques gouttes de ce mélange.

## Par voie interne

Prenez une à trois gouttes de ce complexe dans un demi-verre d'eau tiède vers 10 heures du matin.

# Synergie-11: ANTI-TABAC

Ce complexe à base d'huiles essentielles de sassafras, de menthe, de niaouli et de pin calme l'envie de fumer et dégage les voies respiratoires.

## Par voie externe

Frictionnez votre poitrine avec quelques gouttes de ce mélange, une à deux fois par jour.

## Par voie interne

Absorbez une goutte sur la langue, trois fois par jour, ou lorsque l'envie de fumer se fait sentir.

# Huiles végétales aromatiques

Il faut savoir que les influences extérieures desséchantes favorisent le vieillissement de la peau. Pour éviter l'apparition prématurée des rides et ridules, pour éviter que la peau ne devienne trop sèche, pour lui donner l'éclat, synonyme de vitalité, nous pouvons aider la nature avec un mélange d'huiles végétales contenant en plus un film protecteur lipido-protidique, des vitamines des groupes A, E, B et F, favorables à la peau et des huiles essentielles spécifiques à chaque cas.

## Mode d'utilisation

### Pour le corps

Après un bain, une douche ou simplement une friction au gant de crin, frictionnez-vous le corps avec un complexe d'huiles végétales additionné d'huiles essentielles de lavande, de thym, de romarin et de géranium. Ce complexe apportera à la peau les éléments nourrissants et tonifiants, en plus de subtiles vibrations favorables à l'équilibre énergétique.

### Pour les jambes

Le complexe pour le corps peut convenir aux jambes, mais si vous avez les jambes lourdes et des troubles circulatoires, nous vous recommandons le complexe d'huiles végétales aromatiques spécifique à la circulation et additionné d'huiles essentielles de cyprès, de sauge, de citron et de menthe.

## *Pour le visage*

Pour conserver plus longtemps la jeunesse de votre visage, il faut le protéger des influences extérieures, lui permettre de conserver sa souplesse et éviter l'apparition ou l'exagération des rides. Il est fortement conseillé d'appliquer le soir, après un bon nettoyage de la peau, un mélange d'huiles de calendula et de germe de blé, associé avec des huiles essentielles exotiques rares ainsi que de l'huile essentielle de rose.

## *Pour les cheveux*

Pour lutter contre les cheveux secs, les pellicules et stopper la chute intempestive des cheveux, vous pouvez faire un **masque capillaire** à l'aide d'un complexe d'huiles végétales additionné d'huiles essentielles de citron, de romarin et de lavande judicieusement proportionnées, et l'appliquer quelques heures avant le shampoing .

Vous pouvez également préparer vous-même un shampoing revitalisant à l'aide d'un jaune d'œuf frais et d'une cuillerée à soupe d'huile d'olive ou de germe de blé additionnés de quelques gouttes d'huiles essentielles de lavande et de citron. Répartissez ce shampoing sur toute la surface des cheveux et laissez-le agir durant dix à vingt minutes, en prenant soin de poser une serviette chaude sur la tête.

Rincez les cheveux abondamment et terminez le rinçage avec de l'eau légèrement additionnée de vinaigre ou de jus de citron ou d'huile essentielle de lavande; si possible, prenez de l'eau douce, non ou peu calcaire.

# Variétés botaniques

Nous avons vu précédemment que les qualités thérapeutiques d'une huile essentielle dépendent:

- du lieu de provenance de la plante;
- de son mode de culture et de récolte;
- de la façon dont elle a été distillée;
- et de sa pureté.

Mais il faut savoir également qu'une huile essentielle peut avoir des propriétés différentes suivant sa variété botanique.

Voici quelques exemples de variétés différentes parmi les huiles essentielles les plus courantes:

## Cèdre

*Cedrus atlantica (Variété la plus courante)*
Agit contre les troubles circulatoires lymphatiques et les troubles de la peau.

*Juniperius virginiana*
A davantage une action désinfectante au niveau intestinal et rénal.

## Eucalyptus

*Eucalyptus globulus (Variété la plus courante)*
Contient 1,8 sonnaille et transpinène, ce qui lui confère une action particulièrement expectorante, mais aussi antidiabétique.

*Eucalyptus citriodora*
Contient du citronellol et des citrals ayant une action bactéricide.

*Eucalyptus camaldulensis*
Contient du crypton qui agit davantage pour calmer les nerfs.

## Géranium

*Pelargonium graveolens*
A une action sur le diabète rénal.

*Pelargonium roseum*
Agit sur la rate et le pancréas ainsi qu'au niveau de la peau.

## Lavande

*Lavandula vera*
Contient du linalol, de l'acétate de linalyle, du géraniol, du lavandulol et de la coumarine. Elle est antiseptique, cicatrisante et relaxante.

*Lavandula spica*
Contient du cinéol et du camphre qui lui confèrent une action tonifiante et antalgique. Elle apaise les rhumatismes.

*Lavandula stoechas*
Contient du camphre et du fenchone agissant contre les pertes blanches et les angines.

*Lavandin super*
Contient du linalol et du bornéol qui agissent contre les migraines.

## Marjolaine
*Origanum majorana*
A une action dynamisante.

*Thymus mastichina*
Calme le système nerveux.

### Menthe
*Mentha piperita mitcham*
Agit sur la digestion, la vésicule biliaire, le foie, les poumons, la gorge. Elle est antispasmodique et désinfecte les intestins.

*Mentha piperita (menthe poivrée)*
A surtout une action digestive et stimulante.

*Mentha pulegium (menthe pouliot)*
Agit principalement sur les intestins et aiderait à éviter le cancer.

*Mentha sylvestris*
A surtout une action bénéfique au niveau de la gorge.

## Pin

*Pinus sylvestris*
A une action antirhume, fortifiante et balsamique.

*Pinus sibirica*
Agit contre les vaginites, les leucorrhées et les pyorrhées alvéolo-dentaires.

*Pinus pinaster*
Désinfectant de la gorge et des bronches; agit sur les poumons et le système génito-urinaire.

*Pinus austriaca*
A une action sur la peau et contre les rhumatismes.

## Sarriette

*Satueria hortensis*
Agit principalement sur le tube digestif.

*Satureia montana*
Revitalisante, bactéricide et aphordisiaque.

## Sauge

*Salvia lavendulaefolia*
Combat la fièvre.

*Salvia officinalis*
Salvatrice des troubles gynécologiques.

*Salvia sclarea*
Agit sur les règles et la tension artérielle.

## Thym

*Thymus zygis*
Antiseptique, bactéricide et tonique.

*Thymus vulgaris à thymol*
Antiseptique et digestif.

*Thymus vulgaris à linalol*
Tonique, antirhumatismal, antiparasitaire et anti-infectieux.

# Aromathérapie et digito-puncture

*A*romathérapie et digito-puncture ont toutes deux un point commun: l'énergie. En effet, chacune de ces techniques vise à rééquilibrer l'énergie perturbée par les chocs, les microbes, les champignons, les parasites, les agents stressants et les perturbations atmosphériques. Ces deux techniques modifient le terrain en rééquilibrant les différents pH acido-basiques et ioniques de l'organisme. Les biologistes connaissent bien l'importance de l'équilibre physico-chimique au sein de nos différents systèmes physiologiques; ils savent qu'un déséquilibre à ce niveau entraînerait des perturbations fonctionnelles et, par conséquent, des douleurs et des troubles de la santé. C'est aussi ouvrir la porte à une nouvelle flore microbienne qui pourrait devenir pathologique. Dès lors, on comprendra la nécessité qu'il y a à restaurer son pH au plus tôt. Ainsi, un mal de gorge ou une cystite peuvent disparaître en quelques minutes, grâce à l'association de ces deux méthodes de soins, aussi vieilles que le monde, que nous avons réactualisées et que nous enseignons aux quatres coins du monde.

Une alimentation saine et un état d'esprit toujours positif, associés avec l'aromathérapie et la digito-puncture, voilà la clé pour une vie où le dynamisme, la joie et la confiance ne laisseront pas facilement place au pessimisme et à la maladie.

Bien que l'aromathérapie puisse se suffire à elle-même, son action est néanmoins plus rapide et encore plus efficace si on l'associe avec la stimulation des points énergétiques. Vous en trouverez plusieurs exemples dans les pages qui suivent.

# Acné

Les boutons d'acné peuvent être considérés comme des petits volcans d'où sort l'excès de Yang du corps.

Placez sur ces petits boutons un coton imbibé d'huile essentielle de lavande ou, mieux encore, d'un mélange lavande, citron, thym et géranium.

Puis dispersez les **62V -** et **7E -** et tonifiez le **1GI +**.

**62V :**  Situé dans un petit creux juste au-dessous de l'os de la cheville externe (malléole externe).

Ce point dissipe les excès de Yang.

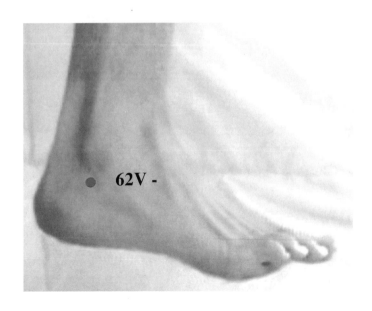

62V -

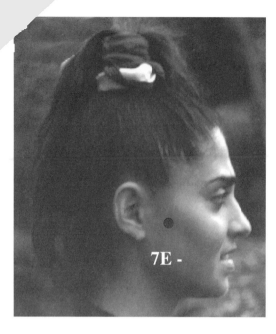

**7E :** Devant l'oreille, dans un creux qui se ferme en ouvrant la bouche.

Ce point a une action contre l'acné du visage.

7E -

**1GI :** Sur l'index, à la base de l'ongle, côté pouce, comme le montre la photo ci-dessous.

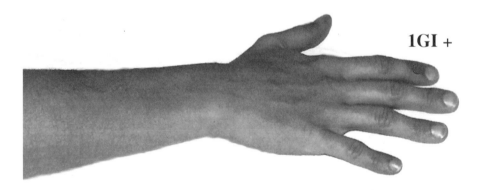

1GI +

Ce point favorise la circulation énergétique du méridien Gros Intestin et favorise la guérison de l'acné, qui est souvent liée à des troubles d'évacuation.

# Ballonnements

## Aérophagie / Lenteur digestive

Après le repas, mettez sur la langue une goutte d'huile essentielle d'anis, de carvi ou de coriandre, puis frictionnez-vous le ventre avec l'une de ces essences. Appliquez également une goutte sur les points suivants que vous stimulerez ensuite:

**6MC -, 36E +, 9Rt +** et **12VC +.**

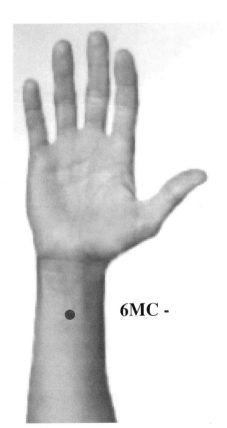

6MC -

**6MC :**   Sur la face antérieure de l'avant-bras à 3 travers de doigts au-dessus du pli de flexion du poignet au centre entre les 2 tendons.

Il s'agit d'un point relaxant et anti-spasmes.

**36E :** Vous le trouverez sur la face externe de la jambe à 4 travers de doigts sous le genou, près du tibia.

Ce point agit sur l'ensemble du système digestif.

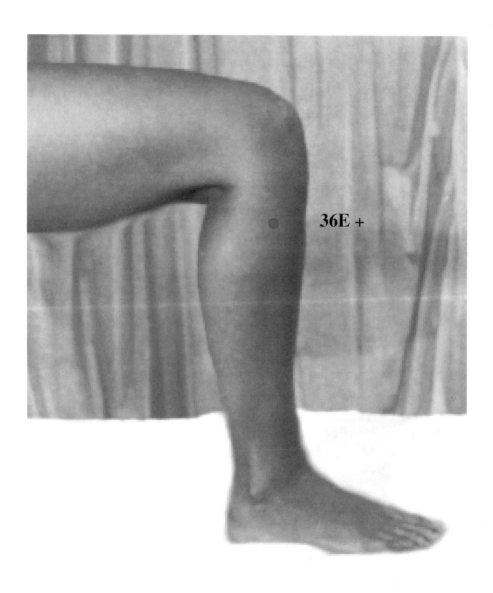

36E +

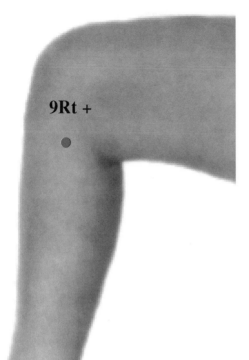

**9Rt :** Voici un point qui peut quelquefois suffire à lui seul à dissiper une colite, un spasme du bas-ventre, de l'utérus, des intestins ou autre organe du bas-ventre. Il se situe sur la face interne de la jambe, sous le genou, plus précisément dans l'angle que forme le tibia à cet endroit, comme le montre la photo.

**12VC :** Sur le ventre, suivant une ligne médiane qui passe par l'ombilic, à mi-chemin entre l'ombilic et la pointe du sternum.

Ce point agit sur l'estomac et le pancréas.

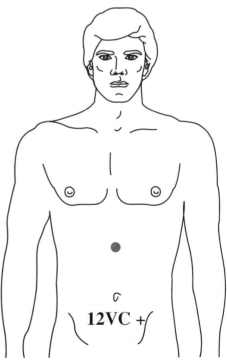

# *Coup de soleil*

Appliquez délicatement sur la peau de l'huile essentielle de lavande ou, mieux encore, de l'huile pour la beauté du corps à base d'huiles essentielles pour les soins de la peau.

Puis dispersez les **7P -** et **26Rn -**.

**7P :** Situé sur la face antérieure du poignet, dans la gouttière radiale où l'on sent battre le pouls de l'artère radiale, juste au-dessus de l'os du poignet (styloïde radiale), ce qui représente environ 3 travers de doigts au-dessus du pli de flexion de la main.

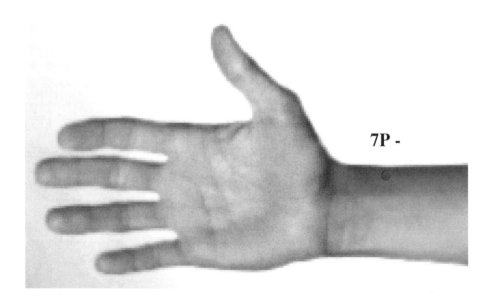

7P -

**26Rn :** Situé sur la poitrine, de chaque côté du sternum, entre le haut des seins, dans le creux entre la première et la deuxième côte, donc à 3 travers de doigts sous la clavicule.

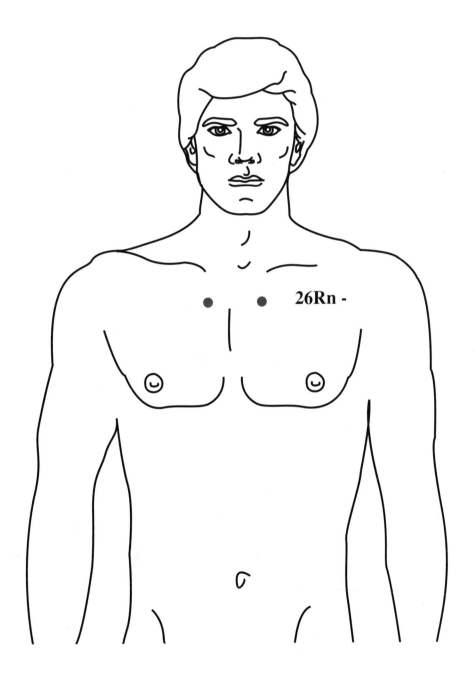

# Cystite

Mettez sur la langue une goutte d'huile essentielle de santal de Mysore ou de genièvre, toutes les trois heures, et frictionnez-vous le bas du ventre et le bas du dos avec l'une de ces huiles.

Puis dispersez les **6Rn -**, **3VC -** et **28V -**.

**6Rn :** Vous trouverez ce point dans un petit creux directement sous l'os de la cheville interne (malléole interne).

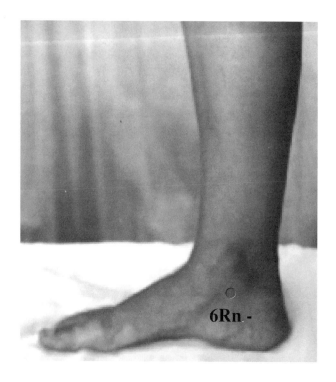

6Rn -

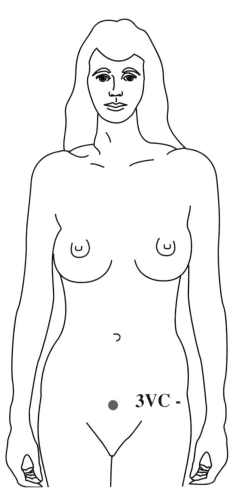

**3VC :** Sur le bas du ventre, à 3 travers de doigts au-dessus du pubis, sur une ligne centrale qui passe par le nombril.

**3VC -**

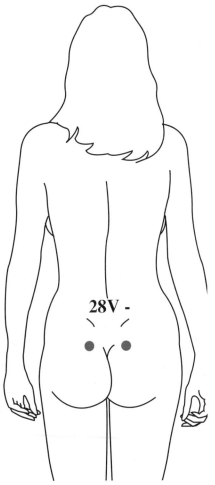

**28V -**

**28V :** Sur la fesse, dans un petit creux en-dehors et de chaque côté deuxième trou du sacrum. Ne soyez pas surpris si ce point est très sensible à la pression, ce sera pour vous l'assurance que vous l'avez bien localisé.

# Diarrhée

Mettez sur votre langue une goutte d'huile essentielle de cannelle ou de sarriette toutes les deux heures. Frictionnez-vous le ventre avec l'une de ces huiles.

Puis tonifiez les **4Rt +, 37E +** et **3GI +.**

**4Rt :** Comme le montre la photo, ce point est à 3 travers de doigts au-dessus de la bosse osseuse de l'articulation du gros orteil, sur le bord interne du pied; il se situe au milieu de ce bord interne du pied qui correspond au sommet de la voûte plantaire; sa sensibilité vous aidera à le localiser.

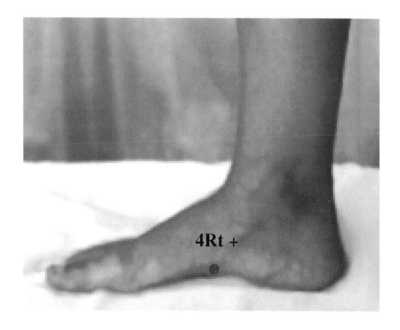

4Rt +

**37E :**      Vous le trouverez sur la face externe du centre de la jambe, près du tibia, à 8 travers de doigts au-dessus de la malléole externe (os de la cheville), ce qui représente également 8 travers de doigts sous l'articulation du genou. Ce qui revient à dire qu'il se situe au centre de la face externe de la jambe, près du tibia, entre les muscles, plus exactement dans le sillon inter-musculaire.

Le 37E est un point très efficace s'il est stimulé dès les premiers signes de la diarrhée. Ne soyez pas surpris s'il est très sensible pendant cette période. Se sera d'autant plus la preuve qu'il a besoin d'être stimulé: ce signe favorisera sa localisation.

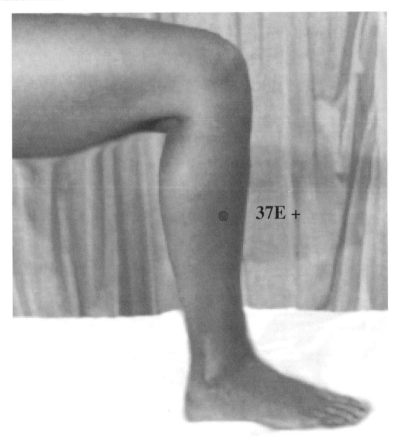

**3GI :** Sur le bord de l'index, côté pouce, juste après l'articulation, comme le montrent la photo et le schéma.

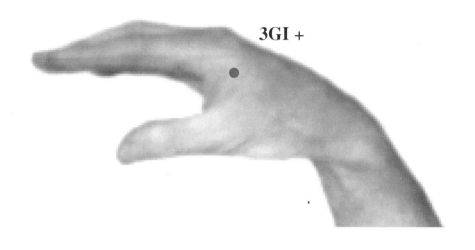

3GI +

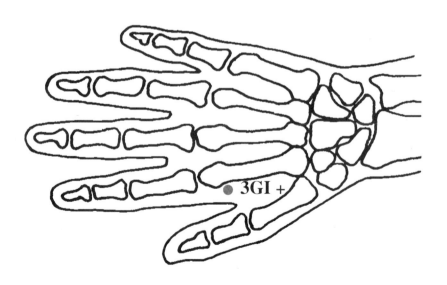

3GI +

# Fatigue

Mettez sur une cuillerée de miel une goutte d'huile essentielle de sarriette, de romarin ou de coriandre, au choix. Diluez ce mélange dans un demi-verre d'eau tiède et prenez deux fois par jour.

Puis tonifiez les **6VC +, 13F +, 12VC +, 36E +** et **6Rt +**.

**6VC :** C'est le point maître de l'énergie. Il se trouve sur le ventre sur une ligne médiane qui passe par l'ombilic, il est très exactement à 2 travers de doigt sous le nombril.

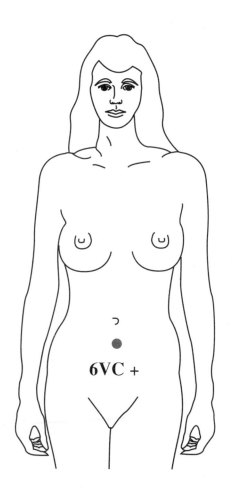

6VC +

**13F :**  Sous les côtes, plus précisément au bout de l'avant-dernière côte, comme le démontre le schéma suivant.

Ce point agit sur la rate et le pancréas et apporte de l'énergie Yang aux viscères abdominaux.

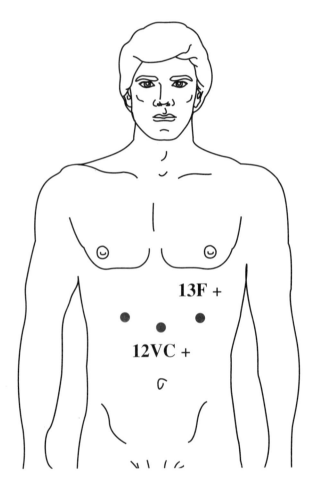

**12VC :**  Sur le ventre, suivant une ligne médiane qui passe par l'ombilic, à mi-chemin entre l'ombilic et la base du sternum.

C'est le point central du corps. Il favorise l'équilibre général.

**36E :** Vous le trouverez sur la face externe de la jambe, à 4 travers de doigts sous le genou, près du tibia.

Ce point stimule tout l'organisme.

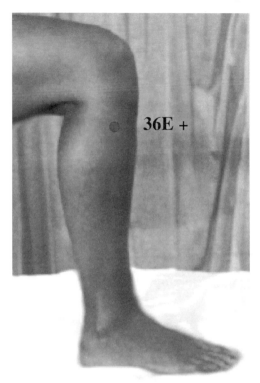

36E +

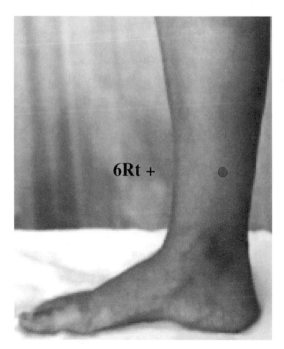

6Rt +

**6Rt :** Il se situe sur la face interne de la jambe à 4 travers de doigts au-dessus de la malléole interne, contre le bord du tibia.

C'est le point maître du sang. Il stimule également les reins, le foie et le pancréas. Dès lors, on comprendra l'intérêt qu'il y a à le tonifier en cas de fatigue.

# Foie fatigué

## État nauséeux

Mettez directement sur la langue une goutte d'huile essentielle de menthe et frictionnez la région hépato-biliaire avec de l'huile essentielle de romarin.

Placez une goutte d'huile essentielle de romarin sur les points suivants que vous tonifierez: **3F +, 14F +, 36E +** et **40VB +**.

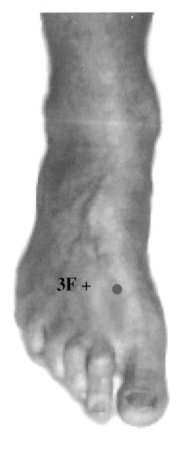

**3F +**

**3F :** Situé sur le pied, entre les 2 os métatarsiens du gros orteil et du deuxième orteil, au sommet de leur écartement, c'est-à-dire à 2 travers de doigts au-dessus de l'espace inter-digital.

Ce point est relaxant et aide le foie dans sa tâche de désintoxication.

**14F :** Vous le trouverez sur le thorax, au-dessous du mamelon, dans un creux entre la sixième et la septième côte. La sensibilité de ce point vous aidera à le localiser.

Ce point agit directement sur le foie qu'il aide à mieux fonctionner.

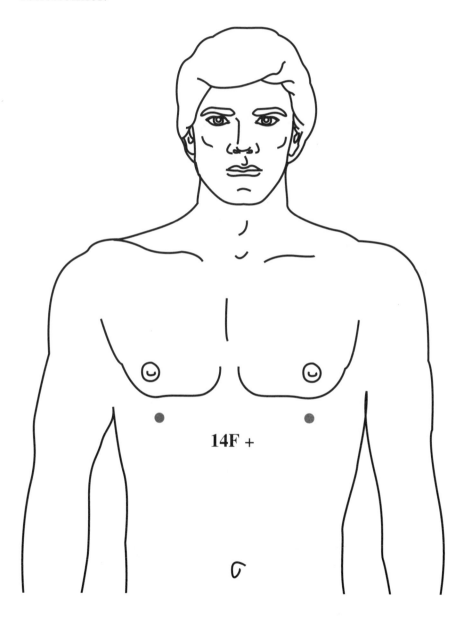

14F +

**36E :** Vous le trouverez sur la face externe de la jambe à 4 travers de doigts au-dessous du genou, près du tibia. Ce point est très important car il complète l'action des 2 premiers points.

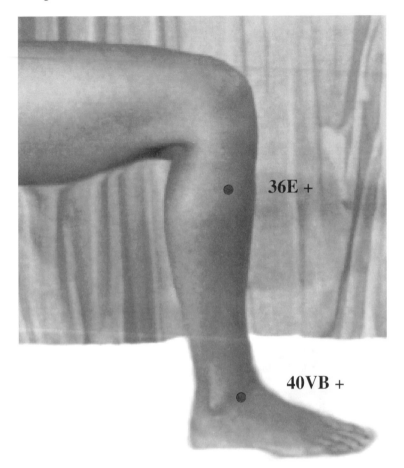

**40VB :** Situé dans le petit creux entre la cheville et le tendon. Ce point agit favorablement sur le fonctionnement de la vésicule biliaire. Il se peut qu'au lieu de localiser un petit creux, vous localisiez une bosse ou un gonflement qu'on appelle "œuf de pigeon". C'est la manifestation d'un trouble énergétique sur le méridien Vésicule Biliaire et une raison de plus de stimuler ce point.

# Grippe

## Mal de gorge / Coup de froid.

Dès l'apparition des premiers signes, frictionnez-vous la région du nez, du cou et des sinus avec de l'huile essentielle d'eucalyptus. Mettez sur la langue une goutte d'huile essentielle de thym et de sarriette. Buvez en plus, trois fois par jour, un demi-verre d'eau tiède dans lequel vous aurez pressé la moitié d'un citron et dilué une cuillerée de miel mélangée à une goutte d'essence de cannelle ou d'eucalyptus.

Appliquez l'huile essentielle de thym sur les points suivants que vous stimulerez: **7P -**, **4GI +** et **1P +**.

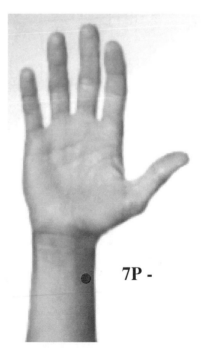

**7P :** Il se situe sur la face antérieure du poignet dans la gouttière radiale, où l'on sent battre le pouls de l'artère radiale juste au-dessus de l'os du poignet (styloïde radiale), ce qui représente environ 3 travers de doigts au-dessus du pli de flexion de la main.

**7P -**

**4GI :** Il se situe sur la main, entre les 2 premiers métacarpiens (os du pouce et de l'index) écartés, contre l'articulation.

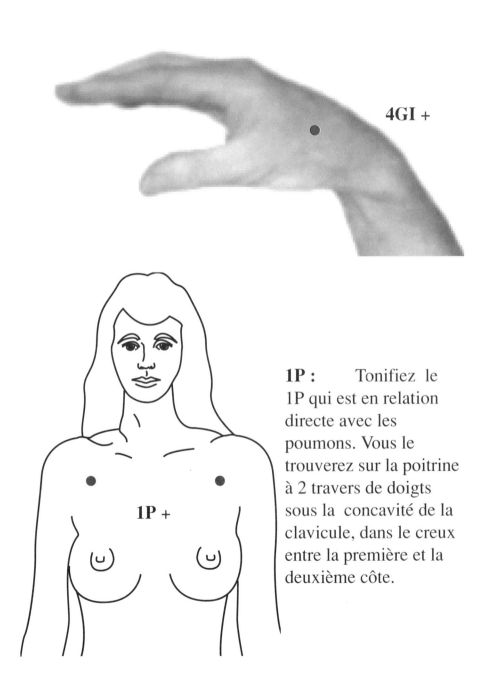

**4GI +**

**1P :** Tonifiez le 1P qui est en relation directe avec les poumons. Vous le trouverez sur la poitrine à 2 travers de doigts sous la concavité de la clavicule, dans le creux entre la première et la deuxième côte.

**1P +**

# Hémorroïdes

Mettez une goutte d'huile essentielle de cyprès au bout du doigt et appliquez directement sur les hémorroïdes. Vous pouvez également faire des bains de siège dans lesquels vous verserez quelques gouttes d'huile essentielle de cyprès.

Puis dispersez les points suivants: **57V -**, **1VG -** et **28V -**.

**57V :** Vous trouverez ce point derrière la jambe, juste sous le muscle du mollet.

C'est un point spécifique pour calmer les douleurs anales et hémorroïdaires.

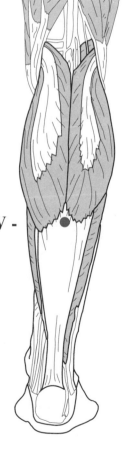

**57V -**

**..VG :** Ce point est très facile à trouver puisqu'il est placé sur la pointe du coccyx.

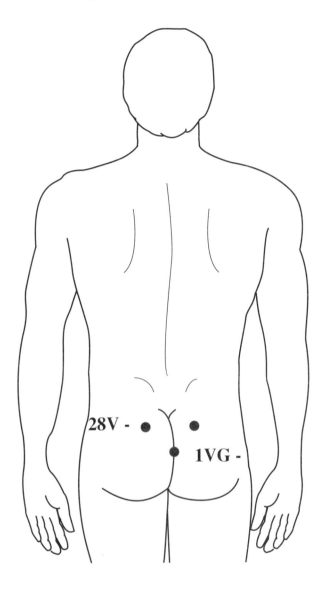

**28V :** Sur la fesse, dans un petit creux qui représente le deuxième trou du sacrum. Ne soyez pas surpris si ce point est très sensible à la pression, ce sera pour vous l'assurance que vous l'avez bien localisé.

# Indigestion

Mettez sur la langue une goutte d'huile essentielle de menthe. Frictionnez votre ventre avec de l'huile essentielle de menthe ou de carvi. Placez une goutte d'huile essentielle de carvi ou de coriandre sur les points suivants que vous stimulerez: **36E +**, **12VC +** et **3F +**.

**36E :**   Vous le trouverez sur la face externe de la jambe, à 4 travers de doigts au-dessous du genou, près du tibia.

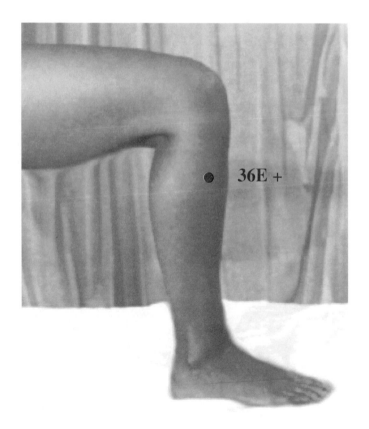

36E +

**12VC :** Sur le ventre, suivant une ligne médiane qui passe par l'ombilic, à mi-chemin entre l'ombilic et la pointe du sternum.

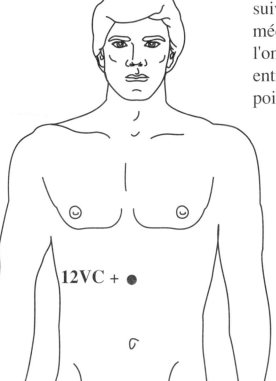

12VC + ●

**3F :** Sur le pied, entre les 2 os métatarsiens du gros orteil et du deuxième orteil, au sommet de leur écartement, c'est-à-dire à 2 travers de doigts au-dessus de l'espace inter-digital.

● **3F +**

# Insomnie

Mettez sur l'oreiller quelques gouttes d'huile essentielle de lavande ou, mieux encore, utilisez un diffuseur d'huiles essentielles qui répandra dans votre chambre des effluves calmantes d'huile essentielle de lavande ou de marjolaine.

Appliquez également l'une de ces huiles essentielles sur les points suivants que vous stimulerez:
**62V -, 6Rn +, 3F- et 9P -.**

Si ces points n'ont pas produit suffisamment d'effet, essayez le lendemain les points suivants en dispersion:
**6MC -, 4Rt -, 3F - et 9P -.**

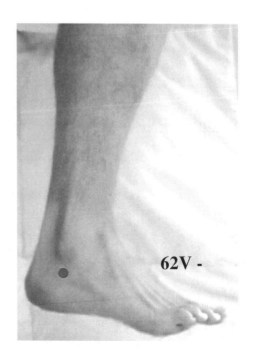

**62V :** Dans un petit creux situé juste au-dessous de l'os de la cheville externe (malléole externe).

Ce point dissipe l'excès de Yang qui empêche la venue du sommeil. Il est très utile aux sujets extériorisés.

62V -

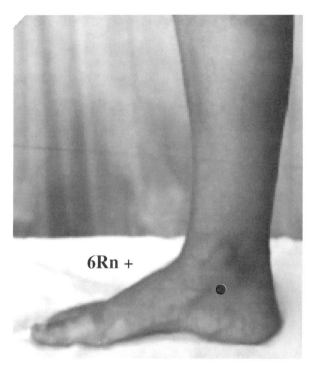

**6Rn :** Vous trouverez ce point dans un petit creux immédiatement au-dessous de l'os de la cheville interne (malléole interne).

Ce point fait venir le Yin qui favorise le sommeil.

**6Rn +**

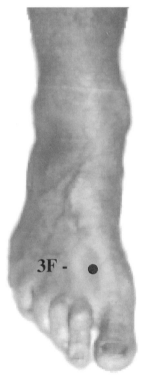

**3F :** Sur le pied, entre les 2 os métatarsiens du gros orteil et du deuxième orteil, au sommet de leur écartement, c'est-à-dire à 2 travers de doigts au-dessus de l'espace inter-digital.

Ce point favorise la relaxation et stimule les fonctions de détoxination du foie dont le maximum énergétique d'activité se situe entre 1 et 3 heures du matin.

**3F -**

**9P :** Situé sur la gouttière radiale, là où l'on sent battre le pouls, sur le pli du poignet, c'est-à-dire avant la styloïde radiale. C'est le point "starter" du sommeil. C'est un très bon point à stimuler. Il apporte des résultats bénéfiques dans certains cas car il favorise l'oxygénation de la cellule nerveuse, ce qui détend et prédispose au calme.

**6MC :** Sur la face antérieure de l'avant-bras, à 3 travers de doigts au-dessus du pli de flexion du poignet, au centre entre les 2 tendons. Ce point convient surtout aux sujets intériorisés.

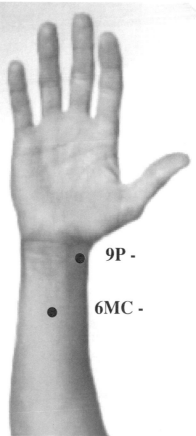

9P -

6MC -

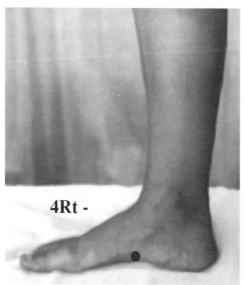

4Rt -

**4Rt :** Ce point est à 3 travers de doigts au-dessus de la bosse osseuse de l'articulation du gros orteil, sur le bord interne du pied. Il se situe au milieu de ce bord interne, ce qui correspond au sommet de la voûte plantaire. Sa sensibilité vous aidera à le localiser.

# Jambes lourdes

## Mauvaise circulation / Varices

Frictionnez vos jambes avec de l'huile essentielle de cyprès ou, mieux encore, avec un mélange d'huile spécifique à la circulation des jambes. Mettez aussi une goutte d'huile essentielle sur les points suivants que vous disperserez: **41VB -, 5TR -, 32E -, 6Rt -, 5Rt -, 1F -, 2F -** et **3F -**.

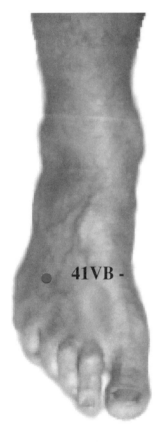

**41VB -**

**41VB :** Sur le pied, entre les 2 derniers os métatarsiens (os du quatrième et petit orteil), dans un creux à l travers de pouce au-dessus de l'espace inter-articulaire.

**5TR :** Sur le face postérieure de l'avant-bras, à 3 travers de doigts au-dessus du pli de flexion du poignet, au centre entre les 2 os.

Ces deux premiers points dégagent le ventre et favorisent l'harmonie entre le haut et le bas du corps.

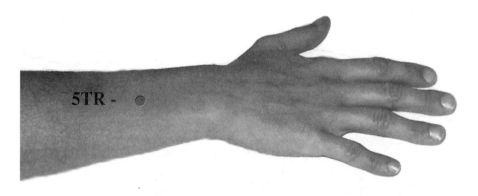

**32E :**
C'est le point maître des veines, presque au centre de la cuisse, dans un creux qui se trouve à
6 travers de doigts au-dessus du genou, un peu en retrait de la protubérance musculaire.

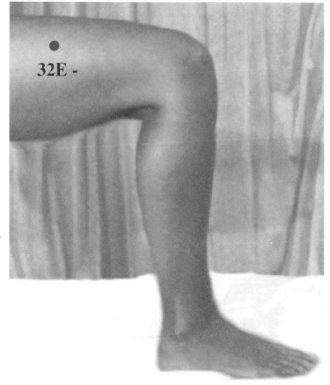

**6Rt :** C'est le point maître du sang. Il stimule également les reins, le foie et le pancréas. Dès lors, on comprend l'intérêt qu'il y à le tonifier en cas de fatigue. Ce point se situe sur la face interne de la jambe, à 4 travers de doigts au-dessus de la malléole interne (os de la cheville), contre le bord du tibia.

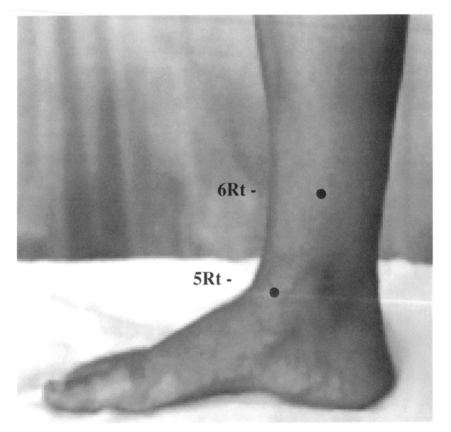

**5Rt :** Sur le bord interne du coup de pied, en avant et au-dessous de l'os de la cheville (malléole interne), dans le creux qui apparaît entre le tendon et cet os quand on porte le pied vers l'intérieur.

Ce point favorise la circulation veino-lymphatique et calme les douleurs variqueuses.

**1F :** Se situe à la base de l'ongle du gros orteil, du côté du deuxième orteil; comme le montre la photo.

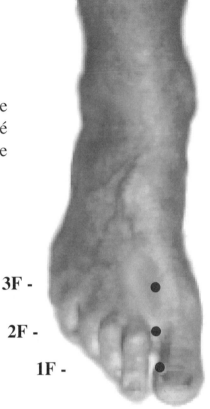

3F -

2F -

1F -

**2F :** Ce point fait suite au 1F. Vous le trouverez entre les 2 premiers orteils, dans l'espace inter-digital, contre la base du gros orteil.

**3F :** Sur le pied, entre les 2 os métatarsiens du gros orteil et du deuxième orteil, au sommet de leur écartement, c'est-à-dire à 2 travers de doigts au-dessus de l'espace inter-digital.

La stimulation des points 1F, 2F et 3F active la circulation dans la veine saphène interne, qui est la veine principale de la jambe.

# Mal de mer

Mettez sur la langue une goutte d'huile essentielle de menthe, puis stimulez les **36E +**, **3F +** et **21Rn +**.

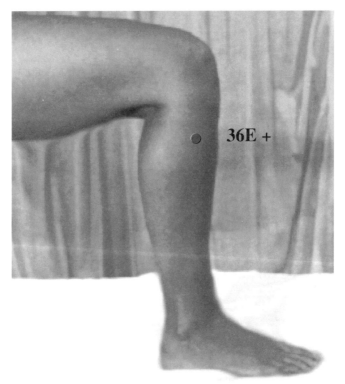

36E +

**36E :**   Vous le trouverez sur la face externe de la jambe, 4 travers de doigts au-dessous du genou, près du tibia. Ce point remet les pieds sur Terre. Dans la loi des 5 éléments (loi bio-cosmo-énergétique chinoise), il représente la Terre. Il est possible qu'à lui seul, il puisse supprimer immédiatement le désagrément du mal de mer ou des transports, mais si le besoin se fait sentir, complétez avec les points qui suivent.

**3F :** Sur le pied, entre les 2 os métatarsiens du gros orteil et du deuxième orteil, au sommet de leur écartement, c'est-à-dire à 2 travers de doigts au-dessus de l'espace inter-digital.

**3F +**

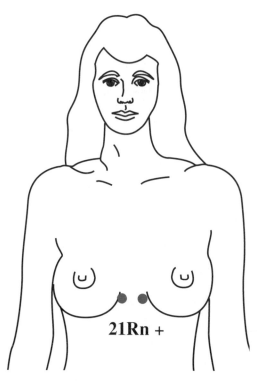

**21Rn +**

**21Rn :** Il se situe un peu au-dessous des côtes, à 2 travers de doigts de la ligne médiane, comme le montre le schéma.

C'est un point anti-nausée.

# Mal de tête

Frictionnez votre front avec quelques gouttes d'huile essentielle de lavande, de menthe ou de marjolaine, puis dispersez les **4GI -** , **36E -** et **3F -**.

Ces 3 points sont spécifiques aux maux de tête résultant d'un trouble digestif ou nerveux. Dans le cas d'une migraine, c'est-à-dire d'une douleur d'un seul côté, voir la recette suivante "Migraine".

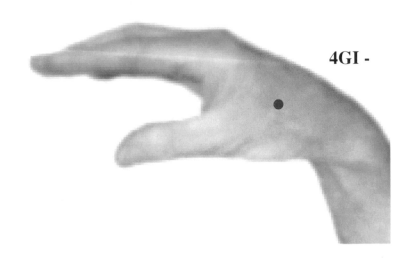

**4GI -**

**4GI :** Il se situe sur la main, entre les 2 premiers métacarpiens (os du pouce et de l'index) écartés, contre l'articulation.

**36E :**     Vous trouverez ce point sur la face externe de la jambe à 4 travers de doigts au-dessous du genou, près du tibia.

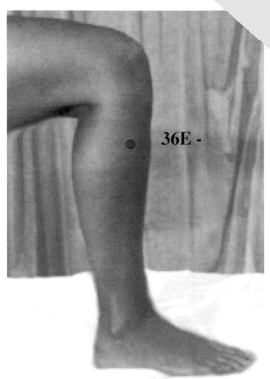

36E -

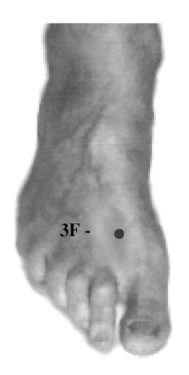

3F -

**3F :**     Sur le pied, entre les 2 os métatarsiens du gros orteil et du deuxième orteil, au sommet de leur écartement, c'est-à-dire à 2 travers de doigts au-dessus de l'espace inter-digital.

# Migraine

*(Mal de tête d'un seul côté)*

Ce malaise est souvent d'origine hépato-biliaire, car le trajet du méridien Vésicule Biliaire passe par cette région. En effet, on lui trouve vingt points à ce niveau, le premier commençant à l'angle externe de l'œil sillonnant l'hémicrâne et le vingtième se situant sous la bosse occipitale.

Mettez sur la langue une goutte d'huile essentielle de menthe et frictionnez la région douloureuse avec de l'huile essentielle de camomille.

Dispersez les points suivants du côté opposé à la douleur: **7P -**, **40VB -**, **3F -** et **4GI -**. Si cela ne suffit pas, ajoutez du côté de la migraine le **20VB -**.

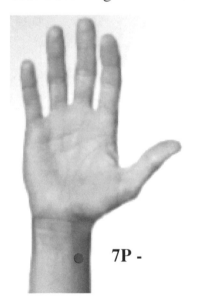

**7P -**

**7P :** Ce point se situe sur la face antérieure du poignet, dans la gouttière radiale où l'on sent battre le pouls de l'artère radiale, juste au-dessus de l'os du poignet (styloïde radiale), ce qui représente environ 3 travers de doigts au-dessus du pli de flexion de la main.

**40VB :** Vous trouverez ce point sur le cou-de-pied, dans un petit creux, devant la malléole externe (os de la cheville), comme le montre la photo.

**3F :** Sur le pied, entre les 2 os métatarsiens du gros orteil et du deuxième orteil, au sommet de leur écartement, c'est-à-dire à 2 travers de doigts au-dessus de l'espace inter-digital.

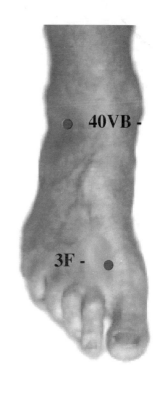

**4GI -**

**4GI :** Il se situe sur la main, entre les 2 premiers métacarpiens (os du pouce et de l'index) écartés, contre l'articulation.

**20VB :** Situé sous les bosses occipitales, comme le montre le schéma. Ce point sera certainement très sensible. C'est du reste pourquoi nous l'avons réservé pour la fin du traitement.

**20VB -**

# Mycose des pieds

## (Pied d'athlète)

Les champignons se situent le plus souvent entre le quatrième orteil et le petit orteil. Placez directement sur la mycose un petit coton imbibé de quelques gouttes d'huile essentielle de girofle, puis mettez une goutte de cette huile sur les points suivants que vous stimulerez:
**67V +, 54V - et 5Rt +.**

**67V :**    Situé à la base de l'ongle du petit orteil, du côté externe.

C'est un point qui combat l'humidité si on le disperse.

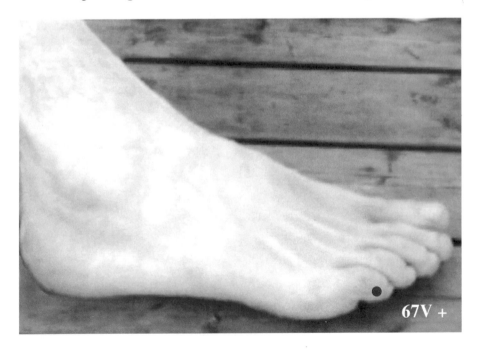

67V +

**54V :** Derrière le genou, en plein milieu du creux poplité.

C'est un point qui favorise l'humidité, c'est pourquoi on le disperse.

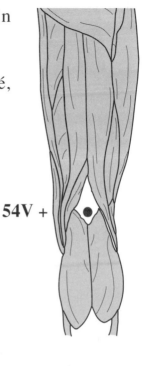

54V +

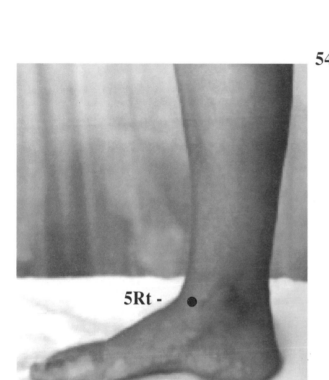

5Rt -

**5Rt :** Situé en avant de la malléole interne (os de la cheville), sur le cou-de-pied, à l'intérieur du tendon du jambier antérieur, dans le creux qui se forme lorsque le pied est porté vers l'extérieur.

C'est un point qui s'oppose à l'humidité et qu'il faudra donc tonifier.

# Nervosité

Frictionnez votre plexus solaire avec de l'huile essentielle de lavande ou de marjolaine et placez une goutte de l'huile choisie sur les points suivants que vous disperserez:

**62V -, 36E -, 3F -** et **4GI -**.

**62V :** Situé dans un petit creux, juste en-dessous de l'os de la cheville externe (malléole externe). Ce point chasse l'excès de Yang.

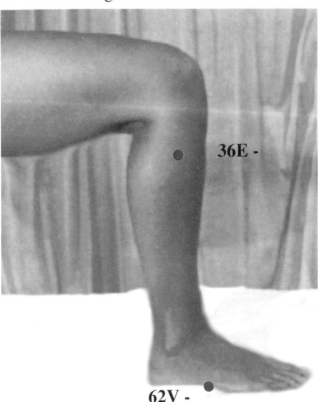

**36E -**

**36E :** Vous le trouverez sur la face externe de la jambe, à 4 travers de doigts au-dessous du genou, près du tibia. C'est un point de rééquilibrage général.

**62V -**

**3F :** Sur le pied, entre les 2 os métatarsiens du gros orteil et du deuxième orteil, au sommet de leur écartement, c'est-à-dire à 2 travers de doigts au-dessus de l'espace inter-digital. C'est le point de la relaxation.

**3F -**

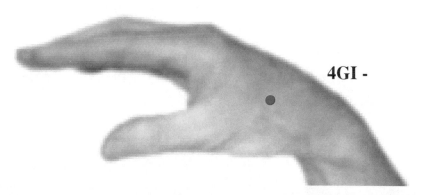

**4GI -**

**4GI :** Il se situe sur la main, entre les 2 premiers métacarpiens (os du pouce et de l'index) écartés, contre l'articulation. Ce point complète l'action des autres points.

# Otite

La recette suivante, utilisée dès le début des premiers symptômes de l'otite, peut la faire disparaître presque instantanément. Il faut cependant répéter l'opération plusieurs fois dans la journée. Dans le cas où l'otite persisterait malgré tout, il serait prudent de consulter un médecin.

Frictionnez la région de l'oreille avec de l'huile essentielle de sarriette, de thym ou d'eucalyptus. Les deux premières huiles devront cependant être diluées à de l'huile d'amande douce ou d'olive, car elles sont révulsives, c'est-à-dire qu'elles chauffent. Cependant, elles sont très efficaces. Mettez sur la langue une goutte d'huile essentielle de menthe ou de cannelle toutes les trois heures environ. Dispersez les **5TR -** et **41VB -** ainsi que les points que vous trouverez dans les petits creux situés derrière l'oreille.

**5TR :** Sur le face postérieure de l'avant-bras, à 3 travers de doigts au-dessus du pli de flexion du poignet, au centre, entre les 2 os.

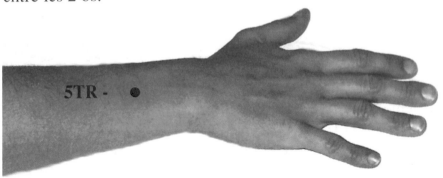

**41VB :** Sur le pied entre les 2 derniers métatarsiens (os du quatrième et du petit orteil), dans un creux à un travers de pouce au-dessus de l'espace inter-articulaire, comme le montre la photo.

**41VB -**

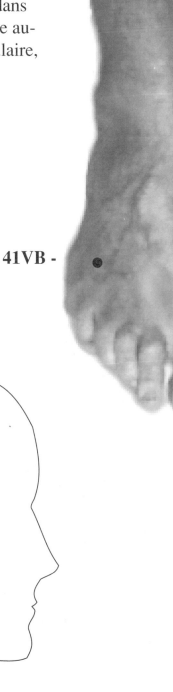

# Peau grasse

Appliquez sur votre peau de l'huile essentielle de citron. Vous pouvez également vous faire un masque avec de l'argile à laquelle vous ajouterez quelques gouttes d'huile essentielle de citron. Mettez une goutte d'huile essentielle de marjolaine sur les points suivants que vous disperserez: **10V -, 36E - et 3F -**.

10V -

**10V :**
Derrière la tête, au-dessous des bosses occipitales.

Ce point est lié au système nerveux para-sympathique qui active les glandes sébacées, c'est pourquoi il faut le disperser.

**36E :**   Vous le trouverez sur la face externe de la jambe, à 4 travers de doigts au-dessous du genou, près du tibia. C'est un point de rééquilibrage général.

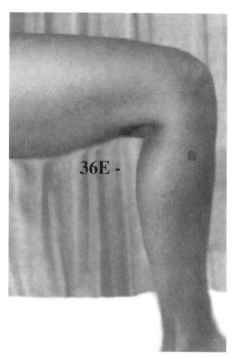

36E -

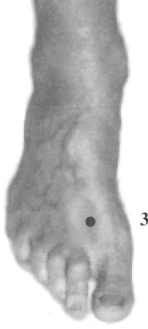

**3F :**   Sur le pied, entre les premiers os métatarsiens du gros orteil et du deuxième orteil, au sommet de leur écartement, c'est-à-dire à 2 travers de doigts au-dessus de l'espace inter-digital.

3F -

# Peau sèche

Massez votre peau avec de l'huile d'amande douce à laquelle vous ajouterez quelques gouttes d'huile essentielle de géranium ou de bois de rose.

Puis dispersez le **39E +** et tonifiez les **11GI -** et **54V -**.

**39E :**   Sur la face externe de la jambe, à 5 travers de doigts au-dessus de la malléole externe, derrière le tibia. C'est le point maître de la sécheresse et de l'hyperkératinisation de la peau.

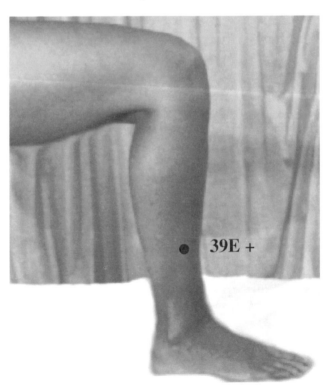

39E +

**11GI :** Sur le pli de flexion externe du coude, c'est-à-dire du côté du pouce, au niveau de l'articulation des 2 os. Ce point aide à l'humidification de la peau.

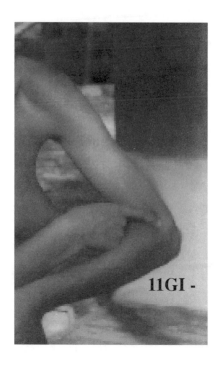

**11GI -**

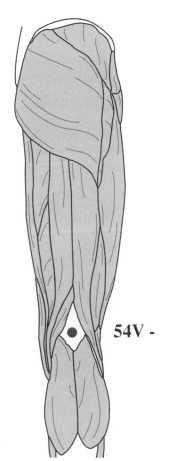

**54V -**

**54V :** Derrière le genou, en plein milieu du creux poplité, comme le montre le schéma ci-dessus. C'est un point qui s'oppose également à la sécheresse de la peau.

# Pertes blanches

Les pertes blanches sont souvent occasionnées par des phénomènes allergiques ou par des troubles intestinaux. On remarque très souvent la présence de champignons, plus particulièrement le **candida albicans**.

Du point de vue alimentaire, il convient d'éliminer les aliments générateurs de fermentation, comme le sucre et les sirops, de même que les fruits ou jus de fruits aux repas. Il en va également des aliments auxquels on est allergique, c'est-à-dire ceux qui font gonfler le ventre. Certaines pertes peuvent être provoquées par un agent viral, voire des chlamydiæ, il est donc prudent de consulter un médecin.

Voici un traitement qui donne souvent de bons résultats:

Trois fois par jour, hors les repas, et ce, pendant trois jours, prenez une goutte d'huile essentielle de girofle diluée dans un verre d'eau tiède. Mettez sur votre langue une goutte d'huile essentielle de cannelle, après les repas. Frictionnez-vous le bas du dos avec de l'huile essentielle de sarriette et la région pubienne avec de l'huile essentielle de santal de Mysore. Faites-vous également des lavements vaginaux avec de l'eau bouillie puis tiédie, dans laquelle vous aurez versé quelques gouttes d'huile essentielle de santal de Mysore.

Puis stimulez les **6Rn -**, **9Rt -**, **2VC +**,  **3VC +** et **54V -**.

**6Rn :** Vous trouverez ce point dans un petit creux immédiatement au-dessous de l'os de la cheville interne (malléole interne).

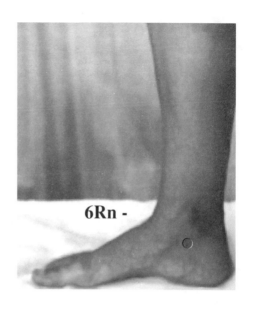

6Rn -

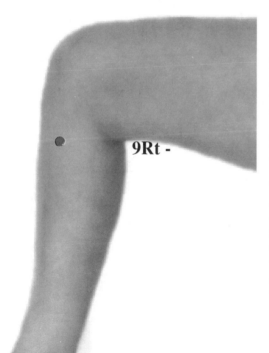

9Rt -

**9Rt :** Voici un point qui est très actif au niveau des organes génitaux. Il se situe sur la face interne de la jambe, au-dessous du genou, plus précisément dans l'angle supérieur du tibia, comme le montre la photo.

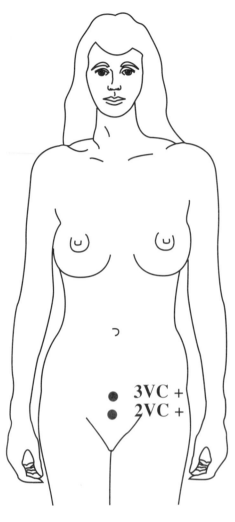

**2VC :** Sur le bas du ventre, juste au-dessus du pubis, sur la ligne médiane.

**3VC :** Situé à 1 travers de doigt au-dessus du 2VC.

**3VC +**
**2VC +**

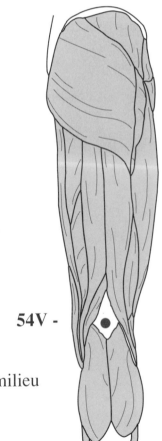

**54V -**

**54V :** Derrière le genou, en plein milieu du creux poplité.

# Piqûres d'insectes

Frictionnez la région piquée avec de l'huile essentielle de sassafras et, quelques minutes après, avec de la lavande puis de l'huile essentielle de citron. Répétez l'opération toutes les heures, au besoin.

Dispersez, trois fois dans la journée, les **39VB -** et **36VB -**.

**39VB :**
Vous trouverez ce point sur la face externe de la jambe, à 2 travers de doigts au-dessus de la malléole externe (os de la cheville), sur le péroné, cet os long et grêle qui est en arrière du tibia.

**36VB :**
Situé à 6 travers de doigts au-dessus de la malléole externe (os de la cheville), sur le bord antérieur du péroné.

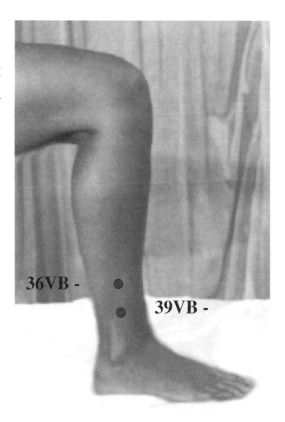

# Prostatite

Mettez une goutte d'huile essentielle de genièvre directement sur votre langue, au cours de la matinée. Frictionnez-vous le bas-ventre avec de l'huile essentielle de santal, une à deux fois par jour. Consommez du pollen ou de l'oligo-élément zinc. Mangez régulièrement des pépins de courge.

Tonifiez trois fois par semaine les **6Rn +, 7Rn +, 54V +, 3VC +, 12Rn +, 31V +, 32V +, 33V +, 34V +** et **67V +.**

**6Rn :** Vous trouverez ce point dans un petit creux immédiatement au-dessous de l'os de la cheville interne (malléole interne).

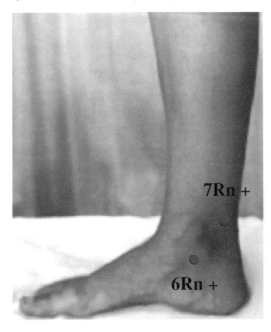

**7Rn :** Vous trouverez ce point sur la face interne de la jambe, près de la cheville, à 2 travers de doigts au-dessus de la malléole interne, devant le tendon d'Achille.

**54V :** Situé derrière le genou, en plein milieu du creux poplité.

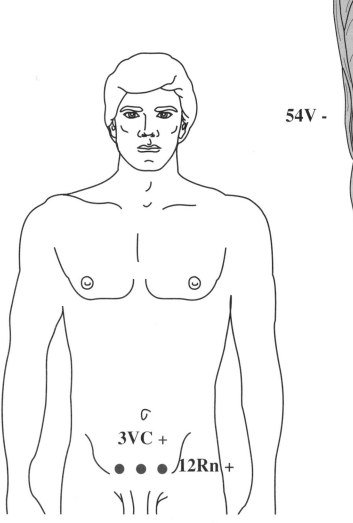

54V -

3VC +

● ● ● 12Rn +

**3VC :** Sur le bas du ventre, à 3 travers de doigts au-dessus du pubis, sur une ligne centrale qui passe par le nombril.

**12Rn :** Situé de chaque côté du 3VC.

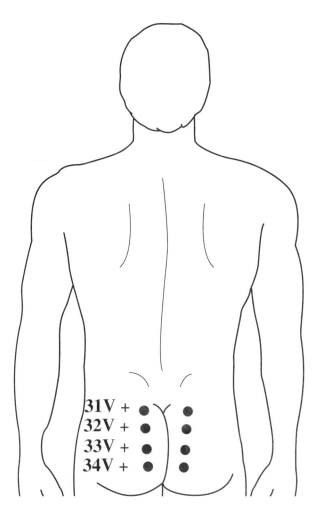

**31V :**
Situé dans le premier trou sacré.

**32V :**
Situé dans le deuxième trou sacré.

**33V :**
Situé dans le troisième trou sacré.

**34V :**
Situé dans le quatrième trou sacré.

31V +
32V +
33V +
34V +

**67V :**     Situé à l'angle unguéal du petit orteil.

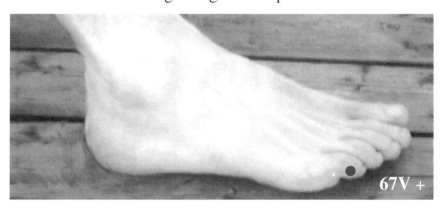

67V +

# Règles insuffisantes

Si vous transpirez facilement, prenez une goutte d'huile essentielle de sauge directement sur la langue, deux à trois fois par jour.

Si vous ne transpirez pas facilement, prenez une goutte d'huile essentielle de géranium directement sur la langue, deux à trois fois par jour.

Dans les deux cas, frictionnez votre bas-ventre avec de l'huile essentielle de cyprès.

Dispersez les **4Rt -** et **6Rt -** puis tonifiez les **3F +** et **4GI +**.

Il ne faut pas stimuler les points durant la période des règles. Il faut s'y prendre plusieurs jours à l'avance.

**4Rt :** Ce point est à 3 travers de doigts au-dessus de la bosse osseuse de l'articulation du gros orteil, sur le bord interne du pied; il se situe au milieu de ce bord interne, ce qui correspond au sommet de la voûte plantaire. Sa sensibilité vous aidera à le localiser.

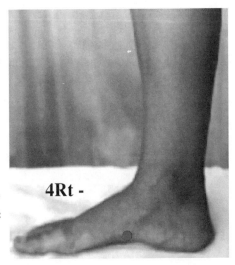

**4Rt -**

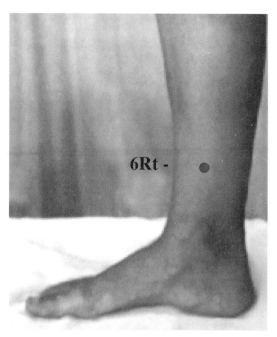

**6Rt :** Il se situe sur la face interne de la jambe, à 4 travers de doigts au-dessus de la malléole interne (os de la cheville), contre le bord du tibia. C'est le point maître du sang.

**4GI :** Il se situe sur la main, entre les 2 premiers métacarpiens (os du pouce et de l'index) écartés, contre l'articulation.

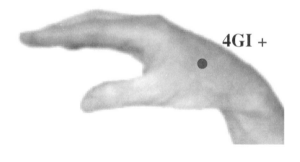

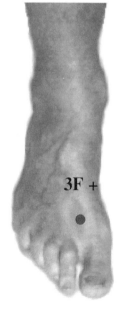

**3F :** Sur le pied, entre les 2 os métatarsiens du gros orteil et du deuxième orteil, au sommet de leur écartement, c'est-à-dire à 2 travers de doigts au-dessus de l'espace inter-digital.

# Règles trop abondantes

Une fois par jour, prenez une goutte d'huile essentielle de genièvre dans une cuillerée de miel diluée dans un demi-verre d'eau tiède. Frictionnez-vous le bas-ventre avec de l'huile essentielle de santal et le bas du dos avec de l'huile essentielle de sarriette.

Tonifiez les **6Rn +,  6Rt +, 5VC +, 60V +** et **13Rn +.**

Il ne faut pas stimuler les points pendant la période des règles. Il faut s'y prendre plusieurs jours à l'avance.

**6Rn :**   Situé dans un petit creux immédiatement au-dessous de l'os de la cheville interne (malléole interne).

**6Rt :**   Il se situe sur la face interne de la jambe, à 4 travers de doigts au-dessus de la malléole interne (os de la cheville), contre le bord du tibia. C'est le point maître du sang.

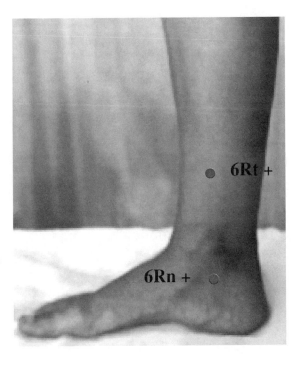

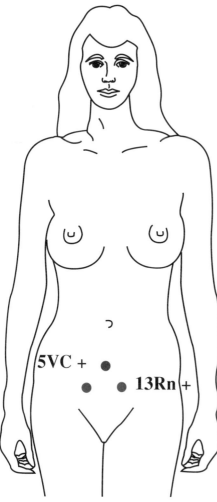

**5VC :** Sur le bas-ventre, plus exactement sur la ligne médiane qui passe par l'ombilic, à 4 travers de doigts en-dessous.

**60V :** Situé dans un petit creux derrière l'os de la cheville externe (malléole externe).

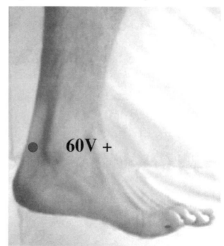

**13Rn :** Situé sur le bas-ventre, à 4 travers de doigts au-dessus du pubis et à 2 travers de doigts de chaque côté de la ligne médiane.

# Rhumatismes

On entend par rhumatisme toute douleur articulaire ou musculaire. Bon nombre de rhumatismes peuvent être soulagés par cette méthode. Mais il conviendrait d'éliminer de votre alimentation tout ce qui les favorise: l'alcool, le sucre et l'excès de viande, entre autres.

Frictionnez les régions douloureuses avec de l'huile essentielle de thym, de genièvre, de menthe, de pin ou, mieux encore, la *Synergie-1:RHU*. Parmi ces essences, il convient de chercher celle qui donne les meilleurs résultats. Il est bon également de favoriser l'élimination de l'acide urique en prenant une goutte d'huile essentielle de genièvre dans un peu de miel dilué dans un verre d'eau tiède, deux fois par jour, entre les repas. Voici trois points généraux qui peuvent aider:

Dispersez les **5TR -** et **41VB -** et tonifiez le **7Rn +**.

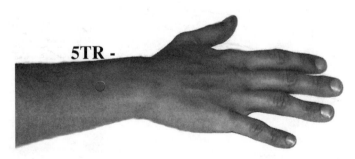

**5TR :** Sur le face postérieure de l'avant-bras, à 3 travers de doigts au-dessus du pli de flexion du poignet, au centre entre les 2 os.

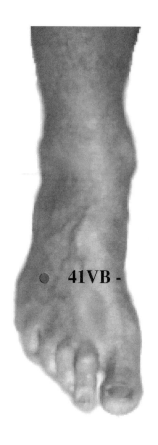

**41VB :** Sur le pied, entre les 2 derniers os métatarsiens du quatrième et petit orteil, dans un creux à un travers de pouce au-dessus de l'espace inter-articulaire.

**41VB -**

**7Rn :** Vous trouverez ce point sur la face interne de la jambe, près de la cheville, à 2 travers de doigts au-dessus de la malléole interne, devant le tendon d'Achille.

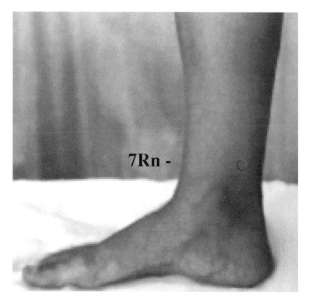

**7Rn -**

# Sinusite

Frictionnez vos sinus avec de l'huile essentielle d'eucalyptus, de camomille ou de verveine des Indes. Essayez celle qui convient le mieux, selon votre cas. Une fois par jour, prenez une goutte d'huile essentielle de thym; prenez une fois par jour également, une goutte d'huile essentielle de sarriette. Les deux huiles, diluées dans un peu de miel puis dissoutes dans un demi-verre d'eau tiède, seront à prendre entre les repas.

Tonifiez ensuite les **67V +** et **4GI +** et dispersez les **20GI -**, **1V -** et **24VG -**.

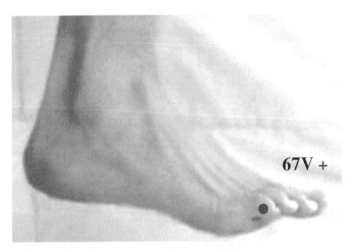

67V +

**67V :** À la base de l'ongle du petit orteil, du côté externe.Dans les textes millénaires, il est écrit que ce qui est en haut sera soigné par ce qui est en bas. Le méridien Vessie commence à l'angle interne de l'œil et finit à la base de l'ongle du petit orteil.

**4GI +**

**4GI :** Ce point se situe sur la main, entre les 2 premiers métacarpiens ( os du pouce et de l'index) écartés, contre l'articulation.

Le méridien Gros Intestin se termine de chaque côté des ailes du nez. Ces deux premiers points, 67V et 4GI, sont donc liés au nez et ont souvent une efficacité remarquable pour le déboucher.

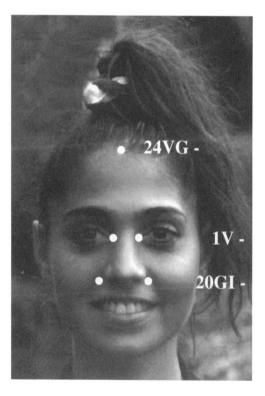

**20GI :** Dans un petit creux juste au-dessous des ailes du nez.

**1V :** Dans le coin interne de l'oeil, juste au-dessus du sac lacrymal. Ce point est sensible, mais il dégage bien les sinus.

**24VG :** Sur le front, à la racine des cheveux, sur la ligne médiane.

Il est bon de terminer par le 24VG qui a la propriété de dégager les sinus.

# Tabagisme

Si vous souhaitez arrêter de fumer, vous pourrez y parvenir avec de la volonté et l'aide de notre technique.

N.D.É. : Pour un traitement plus complet, le livre *Sans Tabac, Sans Regrets* du présent auteur, s'y consacre entièrement.

Prenez une goutte d'huile essentielle de sassafras directement sur la langue, trois fois par jour. Frictionnez votre plexus solaire avec de l'huile essentielle de géranium ou de marjolaine. Dispersez les **8VB -**, **4GI -** et **36E -**, une fois par jour, pendant une semaine, puis une ou deux fois par semaine, pendant un mois.

**8VB :** À 2 travers de doigts au-dessus du centre du pavillon de l'oreille. C'est un point spécifique de désintoxication.

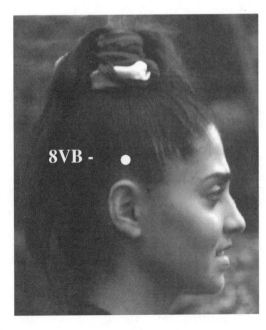

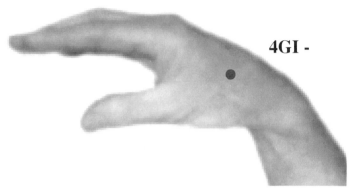

**4GI -**

**4GI :** Ce point se situe sur la main, entre les 2 premiers métacarpiens (os du pouce et de l'index) écartés, contre l'articulation. Ce point agit sur le nez et l'olfaction. Il favorise également la relaxation.

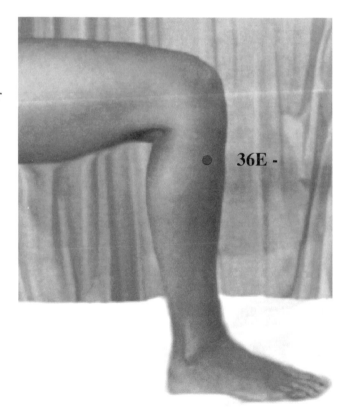

**36E -**

**36E :** Vous le trouverez sur la face externe de la jambe, à 4 travers de doigts au-dessous du genou, près du tibia. Ce point agit sur l'équilibre général et favorise la relaxation.

# Torticolis

Frictionnez votre nuque avec de l'huile essentielle de marjolaine, de verveine des Indes ou de lavande.

Dispersez les **3IG -**, **62V -** et **8TR -** et tonifiez les **1IG +** et **1TR +**.

**3IG :** Sur le bord de la main, au niveau de l'articulation du petit doigt, comme le montre la photo. En pliant la main, le point se trouve juste au bout du pli de flexion de celle-ci. C'est un point clé qui agit sur l'énergie qui passe par la colonne vertébrale.

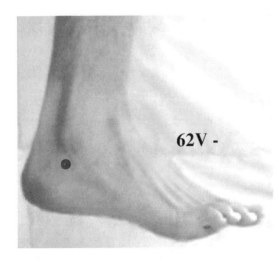

**62V :** Dans un petit creux situé juste au-dessous de l'os de la cheville externe (malléole externe). Ce point clé complète l'action du 3IG.

**8TR :**   Au centre, sur la face postérieure de l'avant bras, à 5 travers de doigts au-dessus du pli de flexion du poignet. C'est un point sédatif des douleurs d'épaule et de nuque.

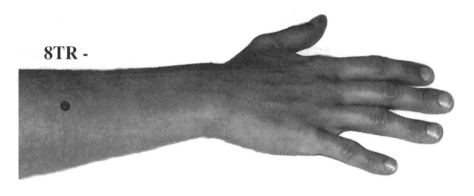

**8TR -**

**1IG :**   Vous trouverez ce point juste à la base de l'ongle du petit doigt. C'est le point de départ du méridien qui passe derrière l'épaule et la nuque.

**1TR :**   Ce point est à la base de l'ongle du quatrième doigt, côté petit doigt. C'est le point de départ d'un méridien qui passe au-dessus de l'épaule et de chaque côté du cou.

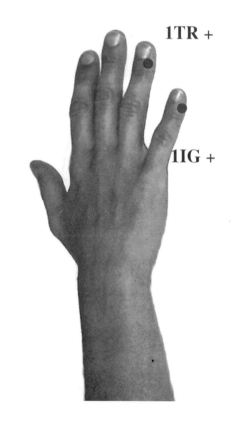

**1TR +**

**1IG +**

# *T*oux

Pour stopper une crise de toux, respirez de l'huile essentielle de menthe, de pin ou d'eucalyptus; l'une de ces trois huiles sera plus efficace suivant votre cas. Absorbez-en également une goutte par la langue.

Puis dispersez les **7P -** et **22VC -**.

**7P :** Situé sur la face antérieure du poignet, dans la gouttière radiale où l'on sent battre le pouls de l'artère radiale, juste au-dessus de l'os du poignet (styloïde radiale), ce qui représente environ 3 travers de doigts au-dessus du pli de flexion de la main. À lui seul, souvent d'une efficacité surprenante pour stopper la toux ou faire avorter une crise d'asthme.

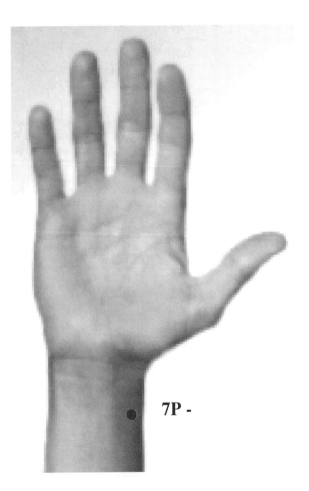

7P -

22VC : Sous le cou, plus exactement au-dessus de la fourchette sternale, c'est-à-dire dans le creux au-dessous de la pomme d'Adam, comme le montre le schéma.

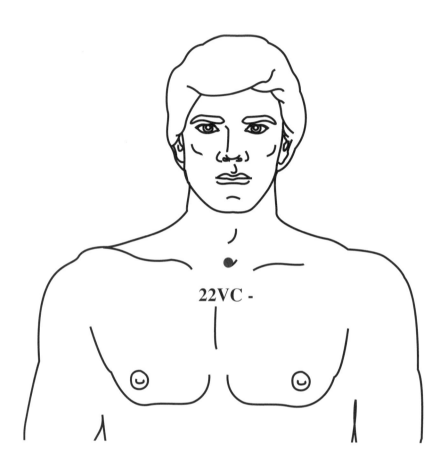

# Transpiration excessive

Absorbez directement sur la langue une goutte d'huile essentielle de sauge, une à deux fois par jour, hors les repas. Frictionnez-vous le plexus solaire avec de l'huile essentielle de lavande ou de marjolaine. Faites des bains de pieds en ajoutant dans l'eau trois à cinq gouttes d'huile essentielle de sauge.

Tonifiez les **7Rn +** et **1IG +** puis dispersez les **10V -** et **2F -**.

**7Rn :** Vous trouverez ce point sur la face interne de la jambe, près de la cheville, à 2 travers de doigts au-dessus de la malléole interne, devant le tendon d'Achille.

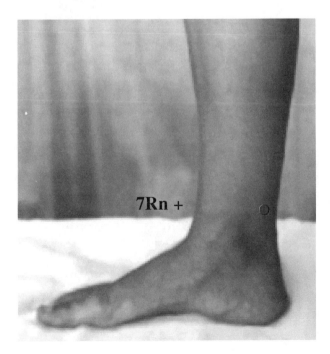

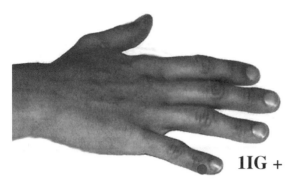

**1IG :**
Vous trouverez ce point juste à la base de l'ongle du petit doigt, comme le montre la photo.

**1IG +**

**10V :**
Derrière la nuque, sous le rebord occipital, à 1 travers de pouce de chaque côté de la ligne médiane.

**10V -**

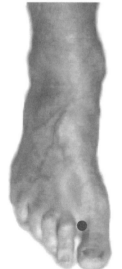

**2F :**     Sur le pied, entre le gros orteil et le deuxième orteil, comme le montre la photo.

**2F -**

Index des points

# Estomac

# Foie

# Gros Intestin

# Intestin Grêle

| | |
|---|---|
| 1IG | 240, 244 |
| 3IG | 239 |

# Maître du Cœur

| | |
|---|---|
| 6MC | 177, 201 |

# Poumons

| | |
|---|---|
| 1P | 194 |
| 7P | 180, 193, 210, 241 |
| 9P | 201 |

# Rate-pancréas

| | |
|---|---|
| 4Rt | 184, 199, 201, 229 |
| 5Rt | 204, 213 |
| 6Rt | 189, 204, 230, 231 |
| 9Rt | 177, 179, 223 |

# Reins

# Triple Réchauffeur

# Vaisseau Conception

# Vaisseau Gouverneur

| | |
|---|---|
| 1VG | 196 |
| 24VG | 236 |

# Vésicule Biliaire

| | |
|---|---|
| 8VB | 237 |
| 20VB | 211 |
| 36VB | 225 |
| 39VB | 225 |
| 40VB | 192, 211 |
| 41VB | 202, 217, 234 |

# Vessie

| | |
|---|---|
| 1V | 236 |
| 10V | 218, 244 |
| 28V | 183, 196 |
| 31V | 226, 228 |
| 32V | 226, 228 |
| 33V | 226, 228 |
| 34V | 226, 228 |
| 54V | 213, 221, 224, 227 |
| 57V | 195 |
| 60V | 232 |
| 62V | 175, 199, 214, 239 |
| 67V | 212, 226, 228, 235 |

Index général

# A

# B

# C

# D

# G

# H

# J-K

# L

# M

*O*

# P-Q

# T

# U

# V-W-X-Y-Z

# Table des matières

# *Informations*

Pour recevoir de l'information sur les sujets qui suivent, veuillez retourner cette page aux Éditions É.N.A. inc., 780, chemin Olympia, Piedmont (Québec) Canada J0R 1K0.

*Veuillez m'envoyer plus d'information sur :*

☐  Les séminaires de Jacques Staehle
☐  Les cours par correspondance de Jacques Staehle
☐  Le *Puncteur Électronique*
☐  L'appareil de test et stimulation *Energy III*
☐  Les autres ouvrages de Jacques Staehle:
  ☐  Les oligo-éléments, source de vie et d'énergie
  ☐  Sans tabac, sans regrets
  ☐  Effacez vos douleurs
  ☐  Cours de digito-puncture chinoise
  ☐  Chakras et énergie
  ☐  Hormones et énergie
  ☐  Drainage énergétique
  ☐  Guide pratique d'esthétique naturelle
  ☐  Guide de l'épanouissement sexuel
  ☐  Les posters des méridiens et des points
  ☐  Les cassettes de Jacques Staehle
  ☐  Toutes les parutions à venir
☐  Autre sujet : _____

Prénom : _____Nom : _____
Adresse :_____
Ville : _____Province : _____
Pays : _____
Téléphone (demeure confidentiel) : _____

Achevé d'imprimer
sur les presses de
l'Imprimerie Laurentienne ltée
à Saint-Jérôme, Québec,
le 15 mai 1992.